宇宙とつながる！

願う前に、願いがかなう本

ソウルメイト研究家

Keiko

大和出版

はじめに
あなたも「思い通り」の人生が手に入る！

私は今、思い通りの人生を生きている。

好きなときに起きて、満員電車に揺られることもなく、毎日好きな場所で仕事をしている。もちろん、やりたくない仕事は一切やらない。

会いたいときに会いたい人に会い、国内だろうが海外だろうが、思いたったらどこにでも行く。これまで立ち上げたビジネスは、軒並み大成功。

原稿を書きながら大好きなジュエリーデザインもし、ときどき海外に買いつけに行くこともあれば、母と温泉に行ったりもする……。

そんな自由が許される時間とお金を手にした今、つくづく思うの。

「宇宙さん、ありがとう！　あなたのおかげよ」って。

私が思い通りの人生を送れているのは、宇宙のメッセージ通りに動いてきたから。

4

今私が手にしている幸せ、財産（お金も愛も）、そして成功は、すべて宇宙のサインを受け入れてきた結果。もちろん、ソウルメイトに出会えたのもね。


10年前のある朝、ふと思ったの。

「そろそろ会社辞めよっかな……」

すると、何が起こったと思う？

その直後（たぶん3分も経ってない）携帯のベルが鳴り、出ると「Hey! Congratulations!（きいたよ、おめでとう！）」という男性の声。

この瞬間、私の心は決まった。

「ああ、ＧＯサインだわ。よし、辞めよう」

結局、知り合いのアメリカ人が間違って電話をかけてきただけだったんだけど、宇宙はこんなふうに、絶妙なタイミングでメッセージを送ってくるの。


もちろん、これはほんの一例。私が何千件と受け取ったサインの中の、ほんのひとかけらにすぎないわ。プライベートはもちろん、仕事でもビジネスでも、私はつねに宇宙のサイン通りに動いてる。そうすると間違いがないから。

それは、占いとかご神託っていう類《たぐい》のものじゃない。

宇宙とつながりその一部になることで、自然に花が咲く――「あたりまえに」結果が出るということなの。

願いをかなえたかったら、宇宙とつながるのがイチバン。

だって、この世のすべてを取り仕切ってるのは、宇宙ですもの。


あなたには「宇宙とつながる方法」をぜひマスターしてほしい。

そうすると、「①今の願いがかなう」だけじゃなく、これからは、「②願わなくてもかなう」ようになるから。

この本では、①を第1章で、②を第2章からご説明するわね。

さあ、人生が思い通りになる快感、ぜひ味わってみて！


最後に、注意点をひとつ。

もしこの本を読もうと思っているなら……覚悟して読んでね。

読み終わったときのあなたは、もはや今のあなたじゃないから。

第2章 自分の「ホーム」に身をおく

あなたの「運命の輪」をまわすには？〜条件①

第3章
あなたの「運命の輪」をまわすには？〜条件②
ピンときたらアクション

第4章
今すぐ「運命の輪」をまわすには？
「強運な人」だけがやっている7つのアクション

第5章

どうしても、夢がかなわないなら？
あなたを幸せに導く8つの真実

第6章
「願う前に、願いがかなう体質」になる！

本文デザイン＊白畠かおり

Prologue | プロローグ

いつも「望み通り」になる人はどこが違うの？

願いは“かなえてもらう”もの

願いは、自分でかなえるものじゃない

願いは自力でかなえるもの――もしかして、そう思ってない？

「いくらがんばってもうまくいかないのは、実力がないから」

「自分の努力が足りないから」

「不幸な星のもとに生まれているから」

もしそんなふうに思ってるとしたら、それはちょっと違うんだなぁ。


願いってね、自分でかなえるものじゃないの。


ま、自分でかなえても、もちろんイイんだけど、それだと時間がかかりすぎるし、第一、かなうかどうかわかんない。

それって、時間とエネルギーのムダだと思うわけ。私はよく「強運ですね～」っていわれるけど、自分の力で願いをかなえたことなんか一度もない。

いつもかなえてもらっているの。宇宙に。

ちなみに、私のいう「宇宙」は地球に対する宇宙ってことじゃなくて、すべてを取り仕切る「おおいなる存在」ってカンジかしら。

この世に起こるすべてのことは、宇宙の意志で動いているの。

四季の移り変わり、花が咲くタイミング、地震や台風といった自然現象から政治経済、ビジネス、果ては男女の出会いといった超個人的なことまで、すべて宇宙の采配で動いているのね。

この世で、宇宙の力を超えるものなんてひとつもない。

だから、願いをかなえたかったら、宇宙と仲良くなるのがイチバン！

がんばるんじゃなくて、合わせるの、宇宙に。

そう。

私の思うことがなんでもかなっちゃうのは、何を隠そう、私が宇宙とツーカーだからなのね。

ポイント＊「かなえる」のではなく、「かなえてもらう」

宇宙に気づいてもらってる？

じゃあ、宇宙とツーカーになるには？

そこにいく前にまず、宇宙があなたの存在に気づいているかどうかが問題よね。ツーカーになる云々《うんぬん》の前に。


いろんな人を見ていて、いつも思うの。

宇宙に気づいてもらえてない人が多いなって。


「運が悪い」「願ったことがかなわない」「何をやってもうまくいかない」って嘆いている人のほとんどはこれね。

宇宙の応援なしに願いをかなえるって、正直、かなり難しい。

ちっちゃい願いならまだしも、人生を左右する願い――ソウルメイトに出会うとかビジネスを成功させるとか――を宇宙の応援なしにかなえるって、やっぱりムリなのよ。

なぜって、あなたの人生を左右するものは当然、他人の人生をも左右するから。あなたがソウルメイトに出会えるかどうかは、あなたのソウルメイトの人生をも左右するでしょ？　双方の家族や親戚にまでその影響は及ぶわよね。

こんなふうに多くの人に影響を与えることに関しては、ありとあらゆる調整が必要になってくるの。環境とかタイミングとか。


そして、それができるのは宇宙以外にありえないのね。


いいこと？　宇宙は決してフェアじゃない。

神様仏様みたいに、すべての人に平等に手を差し伸べるわけじゃないの。っていうか、知らない人のことは助けられないのよ、いくら宇宙でも。

正確にいえば、フェアじゃないんじゃなくて、「知っている人しかサポートしない」ってことなのね。


ポイント＊大きいことをかなえるには、宇宙のサポートが必要

宇宙に気づいてもらうには

いったいどうしたら宇宙に気づいてもらえるの？

そう。ここがいちばん重要よね。

まず最初に、このことを知っておいてほしい。それは、宇宙は「光を放っているものしか感知しない」ということ。

宇宙が認識できるものは、明るい光を放っているものだけ。

ということは……わかったかしら？


あなたがもし宇宙に気づいてもらえてないとしたら、理由はたったひとつ。

それは、「光を放っていないから」。


宇宙の目に留まるためには、あなた自身が光を放つ人になる必要があるのね。

ちなみにこの光って、いったいどこから来るんだと思う？

それは、あなたの中の「愛」。

といっても、「カレのこと好き♪」っていうトキメキ系の愛じゃないわ。

光を放つ愛というのは、自分以外の存在を理解、信頼し、受け入れ、応援する力。「包み込むようなエネルギー」っていうのが一番近いかな。

愛のエネルギーは、与えれば与えるほど大きくなるという性質があるの。そして、愛がどんどん大きくなって身体の中に納まりきれなくなったとき、噴水のごとくあふれ出す。これが「光」の正体。

この状態になってはじめて、宇宙に気づいてもらえるのね。

じゃあ、どうすれば光を放つ人になれるの？

どうしたら宇宙とツーカーになれるの？

どうしたらサクサク願いがかなうの？

次の章から、詳しくお伝えしていくわね。


ポイント＊大きな愛は光となってあふれ出す

活用マップ

「今すぐかなえたい願い」があるなら？ → **第1章** 宇宙とツーカーになる３つのステップ

あなたの「運命の輪」をまわすには？ → **第2章** 自分の「ホーム」に身をおく ／ **第3章** ピンときたらアクション

今すぐ「運命の輪」をまわすには？ → **第4章** 「強運な人」だけがやっている7つのアクション

どうしても、夢がかなわないなら？ → **第5章** あなたを幸せに導く８つの真実

潜在意識をまるごと変えるには？ → **第6章** 「願う前に、願いがかなう体質」になる！

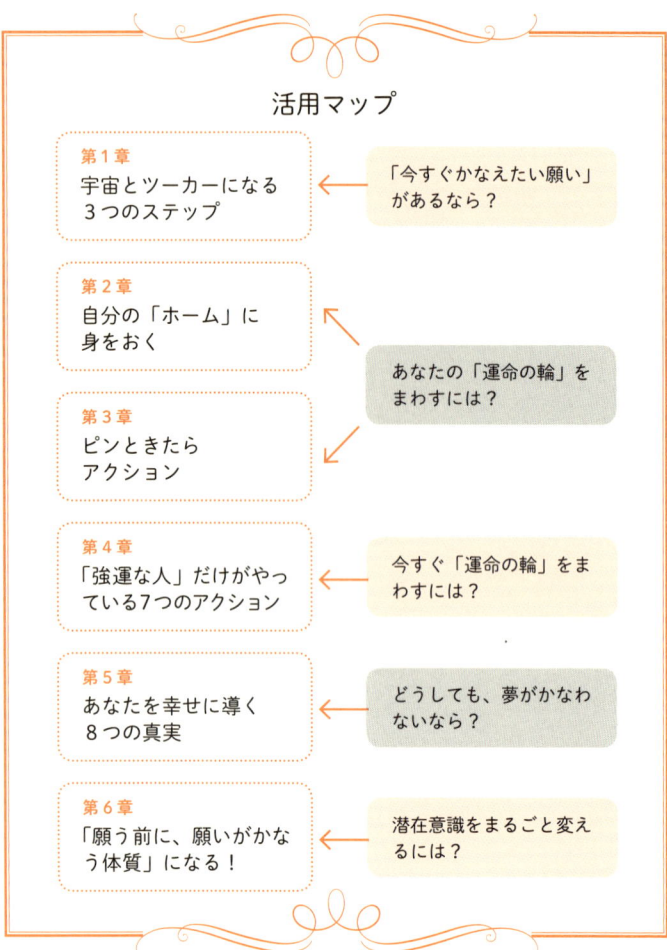

Chapter 1 | 第１章

「今すぐかなえたい願い」があるなら？

宇宙とツーカーになる 3つのステップ

「3つのステップ」で願いはかなう!

願いは自分でかなえるものじゃない。宇宙にかなえてもらうもの――。
でも、どうやって? 宇宙にかなえてもらうヒケツはあるの?
ええ、もちろんあるわ。順を追ってご説明すると……。

ステップ1 宇宙に気づいてもらう(これがなきゃ始まらない)
ステップ2 宇宙にオーダーを出す(書くよりイメージング)
ステップ3 宇宙のサインを受け取る(これができると人生が変わる!)

この章では、この3つのステップについてお話ししていくわ。
まず、ステップ1の「宇宙に気づいてもらう」。これについては、すでにプロローグでお話ししたわね。宇宙に気づいてもらうには、あなた自身が光を放ってなきゃいけない。そのためには「愛」。あなたの愛がどれだけ大きいかで、光を放てるかどうかが決まってくる。光の強さは、愛の大きさに比例するのよ。

世の中にはよこしまな心を持たず、ズルいこともせず、ひとりコツコツと生きている人もいると思うの。でもね、そういう人にかぎって、宇宙に気づいてもらえてないのよ。なぜなら、光を放ってないから。愛ってね、まわりに与えてこそ大きくなるものなの。

いくら清く正しく生きていても、人と交わらなかったら、愛はけっして大きくならない。ましてや、光を放つ人になんかなれないわ。

人生は「人と生きる」と書くでしょ？　チャンスも運も、人が持ってくるの。自分を成長させてくれるのも人。流れを変えてくれるのも人。人との出会いが、人生を変えてくれるのよ。采配を振るうのは宇宙だけど、宇宙が直接手を下すわけじゃない。

必ず人を介すの。出会う人、接する人すべてが、宇宙の分身なのよ。

ポイント＊ひとりでがんばっても、チャンスは巡ってこない

ステップ1　宇宙に気づいてもらうコツ①

愛を増やす3つの習慣

ここで、宇宙に気づいてもらうポイントをひとつ。

それは、宇宙は「深さ」より「大きさ」を感知しやすいってこと。

もちろん、「大きくて深い愛」がいちばんいいわよ。
でも、深いだけだとちょっと危険な部分もあるの。特定の人にだけ深い愛を送るっていうのは、ともすると執着になっちゃう。少なくとも、それは「光を発する愛」ではないのよ。少数の人に深〜い愛を送るより、たくさんの人にサラリと送る。このほうが愛が広がりやすいのね。
じゃあ、たくさんの人に愛を送る方法って？　それは……。

その1　笑顔で挨拶（相手の目を見て）

その2　目が合ったらニッコリ（知らない人でも）
その3　ありがとうを忘れない（何かを受け取るときは必ず！）

「なーんだ、普通のことじゃない」って思った？　そう。愛を送る方法はいたってフツー。そもそも愛というのは、生きとし生けるものの本質。特別なことであるはずがないのね。

でも、ためしにまわりを見渡してみて。この３つができてる人って、めったにいないから。だからこそ、これが習慣になっている人は、それだけで宇宙の目に留まりやすいともいえるわ。

「毎日笑顔で挨拶して、誰かと目が合ったら微笑み、何かしてもらったら必ずありがとうをいう」――どう？　別に難しくないでしょ？

こんなカンタンなことを習慣にするだけで、あなたの愛はどんどん大きくなっていくの。

そうやって光を放つ人になったら、あなたの人生は劇的に変わってくるわ。


ポイント＊「挨拶・笑顔・ありがとう」で愛を増やす

ステップ1　宇宙に気づいてもらうコツ②

「マゼンダのエネルギー」を送る

もうひとつ、愛を大きくする秘密兵器をご紹介するわ。

それは、「マゼンダのエネルギー」。

愛ってね、色がついているの。

それが「マゼンダ」とよばれるフューシャピンク。シクラメンの濃いピンクをイメージしていただければいいと思うわ。

あなたは、色にエネルギーがあるのをご存知かしら?

じつはこのマゼンダ、人と人(あるいはもの、場所)を融和させる潤滑油みたいなエネルギーを持っているの。

私の場合、人と会ったらまず、このマゼンダのエネルギーを送る。


マゼンダ色の愛が、自分のハートから相手のハートに向かって、じわ～っとしみ込んでいくようにイメージするの。

これが習慣になっているせいか、ここ10年くらいは嫌な人に会った記憶がないし、苦手な人っていうのもいない。マゼンダのエネルギーがスゴイのは何を隠そう、それを送った相手がみんな自分の味方になっちゃうってこと！

しかも、その「相手」は人だけじゃない。ものにも場所にも食べ物にも、なんにでも使えるの。

たとえば、私は飛行機に乗ったらまず、機体全体をマゼンダのエネルギーで包み込む。そしてさらに、操縦室に向かってマゼンダのエネルギーを送るの。こうやって機体と操縦士さんにマゼンダを送っておけば、ほぼ万全。不思議なくらい揺れないし、たいてい予定より5分くらい早く着くわね。マゼンダのエネルギーは、まさに人生の万能薬。あらゆるシーンでこれを使えば、障害やトラブルとは無縁になるわ。もちろん、宇宙にも気づいてもらいやすくなるしね。これを知っているのと知らないのとじゃ、人生雲泥の差よ。

ポイント＊マゼンダのエネルギーですべてのものを味方につける

ステップ1　宇宙に気づいてもらうコツ③

「マゼンダ・エネルギー」の活用法

マゼンダのエネルギーを送るのが習慣になると、身も心もどんどんしなやかになってくる。腹が立つとか、不安になるってことがなくなるのね。

筋肉と同じで、愛のエネルギーも使えば使うほど大きく太くなるの。

先月のこと。男友達が「別居中の妻が離婚にOKしてくれなくて……」と困ってたとき、「奥さんにマゼンダのエネルギー送ってみたら？　〝ありがとう〟の言葉を添えてね」といって、やり方を伝えたの。

そしたら10日も経たないうちに電話がきて、「奇跡だよ！　今、妻が会社に来たんだ。離婚届け持って！」。

これは奇跡でもなんでもない。マゼンダのエネルギーにはこんなふうに、人と人の心を調和させるパワーがあるの。マゼンダ・エネルギーの使い方は、自由自在。好きな場面で、好きなように使ってみて。

例えば、こんなふうに。

□苦手な人にマゼンダ・エネルギーを送る
↓苦手意識がなくなり、関係がよくなる
□体調が悪いとき、自分の身体をマゼンダ・エネルギーで包み込む
↓気分がよくなる。痛みが軽減する
□人前で話すとき、目の前の人達をマゼンダ・エネルギーで包み込む
↓緊張がほぐれ、話がしやすくなる
□面接や商談のとき、相手にマゼンダ・エネルギーを送る
↓場が和み、自分に好感を持ってもらえる
□ベッドをマゼンダ・エネルギーで包みこむ
↓ぐっすり眠れる。疲れがとれる
□カロリーの高いものを食べるとき、マゼンダ・エネルギーをふりかける
↓余分なカロリーが落とせる。太らない

ポイント＊マゼンダのエネルギーでしなやかに生きる

ステップ1　宇宙に気づいてもらうコツ④

苦手な人にこそ、マゼンダ・エネルギー

願いがかなうっていうのは結局、どれだけ愛されているかだと思うの。支持者が多い候補者は、ラクラク当選するじゃない？

願いごとも同じなのよ。味方が多い人は思ったことがスイスイかなうし、逆に、敵が多い人はかないにくい。どんなに実力があってもね。

じゃあ、味方を増やす方法とは？　それも、やっぱり「愛」。

味方の多さは、あなたがどれだけ愛を与えてきたかで決まるの。

とはいっても、誤解しないで。「じゃあ、カレのこともっともっと愛するわ！」っていうのは、ちょっと違うのよ。前にもいったように、光を生み出す愛は「特定の人に対する愛」じゃなくて、たくさんの人への広く大きな愛。

どれだけ多くの人に愛を与え、感謝の気持ちで接したかで、あなたの運は決

まってくるということなの。Aさんはキライ、Bさんは苦手、Cさんはウマが合わない……そんな考え方は、あなたにとってソンになるだけ。自分で自分の愛を小さくしてしまっているんだもの。

人間だから、相性があるのはしかたない。でも、たとえ苦手な人であっても、マゼンダのエネルギーを送っていると、なぜか苦手意識がなくなってくるわ。

要は、ソリの合わない人を味方につけるゲームだと思えばいいのよ。

苦手な人がいなくなって、そのうえ、願いがかなうんだもの、これほどハッピーなことはないじゃない?

運というのは、他者に与えたエネルギーの見返りに過ぎない。願いをかなえるために、がんばりは必要ない。ひとりでがんばっても、愛は生まれないもの。

それより笑顔で挨拶して、多くの人と仲良くなって、心の窓を全開にする。

自分の中にしまいこんだ愛を、外に放っていけばいいのよ。

ポイント＊苦手な人が少ないほど、願いはかなう

ステップ2　宇宙にオーダーするコツ①

書くよりイメージング

あなたの中の愛がしだいに大きくなってくると、やがて流れが変わってきたことに気づくと思うの。まわりの人達が優しくなったり、協力してくれる人が増えたり、トラブル続きだったのがパタッと止んだり……。

「私、近頃ぜんぜん怒ってないな〜。不満もないし、出会う人みんないい人だし……」みたいなカンジになってくる。

こうなってきたら、宇宙があなたに気づいてくれた証拠。「あなた〜宇宙」間の回線がつながった状態ね。願いがかなう確率がぐーんと高くなるわ。

次は、いよいよオーダー。あなたの願いを宇宙に知ってもらわなくちゃ！

ただし、オーダーの仕方を間違えないで。

宇宙へのオーダーは文章や言葉じゃなくて、イメージを使うの。

願いごとを書くという方法もあるみたいだけど、イメージングのほうが断然早いわ。たとえば……。

私昨日、マンションのエントランスカードを家に置いたまま外出しちゃったのね。「あ〜しまった！　カード忘れちゃった」と思った瞬間私がやったのは、紺色のコートを着た男性が私の目の前を歩いていて、私がその人と一緒にマンションに入る……というイメージング。その結果どうなったか？

まもなくコートを着た男性が反対方向からやってきて、「お先にどうぞ」っていってカードをかざしてくれたの。ね？　イメージどおりでしょ？

私がここでやったことは、イメージングで既成事実を作るってこと。

未来というのはまだ起こっていないわけだから、イメージの中で自分の都合のいいことを先に起こしちゃうの。すると、それが現実になっていく。すでに起こっちゃったらアウトだけど、起こる前なら十分変更可能なのよ。

ポイント＊未来はイメージングで変更可能

ステップ2　宇宙にオーダーするコツ②

イメージしないと伝わらない

ここ最近は、「願いごとを書く」のが密かなブームになっているわよね。

もちろん、それもＯＫ。

でも、文章にするのはあくまでも、自分の考えを整理して望むものをクリアにするため――つまり、自分のためなのよ。

だって、宇宙はあなたの文章を読んでいるわけじゃないもん。

宇宙はね、文字じゃなくイメージでキャッチする。


宇宙では、「愛」と「イメージ」が共通言語なの。


「書いたらかなった！」というケースももちろんあるだろうけど、それは、書きながらイメージングができてるから。

逆に、「願いごとは書くとかなうって聞いたけど、かなったためしがありま

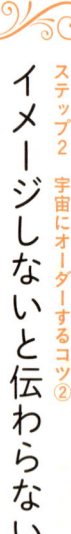

せん」という人は十中八九、書いただけで満足してるのね。

書くだけで終わったら、手紙を書いてポストに入れないのと同じ。

相手に届けたいならポストに入れなきゃ。でしょ？


願いごとを書いたら（あるいは書きながら）目をつぶって、頭の中に大きなスクリーンをイメージしてみて。そのスクリーンこそが、宇宙宛のポスト。そこにあなたの願うシーンを映しこんではじめて、宇宙にそれが伝わるの。


もちろん、イメージングが得意なら書く必要ナシ！

「こうなりたいな」「こういうのがほしい」っていうイメージを宇宙にバンバン送ってみて。送れば送るほど、宇宙との回線が太くなるから。

イメージングが不得意な人は、雑誌や写真集を利用するといいわね。

理想の写真を10秒間見つめたら目を閉じ、頭の中のスクリーンにコピーする。

何度も繰り返し練習すると、自然にイメージできるようになるわ。


ポイント＊願いを書くだけじゃ、宇宙に伝わらない

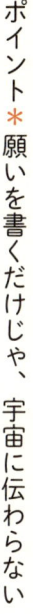

ステップ2　宇宙にオーダーするコツ③

すんなりイメージできるものを優先させる

ちなみに、単にイメージングをしただけでも、それがかなうかどうかある程度判断できるわ。

かなう確率が高いものは、がんばらなくてもイメージできちゃう。


まるで映画を見ているように、映像が自然に浮かんでくるのね。

ある意味、チャネリングに近いかもしれない。まあ、チャネリングだろうがイメージングだろうが、目を閉じたとき自然に見えてくるってことは、そんな未来が潜在意識に組み込まれているってことなのね。

タネはすでに植えられていて、あとは芽が出るかどうかだけ。

逆に、眉間にシワを寄せてがんばらないとイメージできないものは、かなう確率が低いと思ったほうがいい。ゼッタイかなわないとはいわないけど、多少時間がかかると思うわ。
潜在意識にないってことは、タネを植えるところから始めなきゃいけないわけだから。もちろん、タネを植えるところから始めてもいいわよ。

でも、それより、すんなりイメージできるものから入るほうが断然速い！

たとえば、あなたの願いが「今年中にソウルメイトと出会って結婚する！」だとするじゃない？　でも、そういうシーンがすんなりイメージできないっていうときは、次にかなえたいことをイメージしてみるの。
もし「フラワーショップのオーナーになっている」シーンがいともたやすくイメージできたとすれば、それはかなう確率が高いし、あなたの天職である可能性もある。となれば、ソウルメイトとの出会いは、その先にあると読めるわけ。
こんなふうに、自然にわき上がってくることを優先していくと、一番の願いもいつの間にかかなってしまうのよ。

ポイント＊イメージできないものは、後まわしでＯＫ

ステップ3　宇宙のサインを受け取るコツ①

正しいサインの見分け方

こちらからの発信はイメージング。じゃあ、宇宙からの返信は？

当然ながら、宇宙は言葉がしゃべれない。だから、いろんな手段を使ってメッセージを送ってくるの。それが、「サイン」。

たとえば、あなたがふと目にした看板、たまたま開いたページ、となりのテーブルからもれ聞こえてきた会話、お店からただよってきた匂い……。

あなたを取り巻くありとあらゆるのものがサインに「なりうる」の。

でも、だからといって、すべてがサインってわけじゃないわ。

1　向こうから勝手に飛び込んでくるもの

2　それに触れた瞬間、ピンとくるもの（意味がわかるもの）

この2つを満たしているものだけが、宇宙からのサインなのね。

だから、自分から探したものはサインじゃないし、「これってサイン？」と思ったところで、あなた自身にその意味がわからなかったら、サインとはいえない。それと、サインには2種類あるのね。

サイン1　何も聞いてないのにやってくるサイン（お知らせ）
サイン2　あなたが投げた問いやイメージングに対するサイン（答え）

サイン1は、人生の転機によく起こるわね。「同じ職業の人とばかり出会う」「イタリアの情報ばかり入ってくる」みたいに、同じような出来事や情報が続くなら、それはサインと考えるべき。

私の場合、会社を辞めた直後、神戸に関するサインがこれでもか！ってくらい降ってきた。「これはサインだ！」と思った私はすぐ神戸に引っ越し、事実、たくさんのチャンスを与えられたわ。こんなふうに、その人にとって必要なことは、宇宙のほうから繰り返しサインを送ってくるのよ。

ポイント＊同じものが続くのは、宇宙からのお知らせ

ステップ3　宇宙のサインを受け取るコツ②

「なぜか気になるもの」に注目

では、サイン２「あなたが投げた問いやイメージングに対するサイン」の場合はどうかしら。

たとえば、私の友人K代ちゃん。彼女は自分にぴったりの仕事を探していたんだけど、具体的に何がいいのかわからず、ただ「毎日楽しく働いているシーン」だけをイメージしていたのね。

ある日パン屋さんに立ち寄ったとき、イキイキと働く店員さんの姿に目が釘づけになった。ハッピーオーラ満開の笑顔が忘れられない……。

「なぜこんなに気になるんだろう？」と思ったとき、「そうだ、パン屋さんだ！」とひらめいたらしいの。もともとK代ちゃんは大学で酵母菌の研究をしていたから、パン作りにもそれを活かせるなと。

こんなふうに、サイン2の場合は、「なぜか気になる」っていうのがヒント。

私達は1日の中で、目から耳から口からと、それはそれはたくさんの情報を受け取ってるでしょ？

その中で、「なぜか気になる」「妙に心惹かれる」というもの、そんなに多くはないと思うの。だとすれば、それに意味があって当然だと思わない？

宇宙のサインというのは、高速道路の標識と同じ。1回で終わるわけじゃなくて、進むたびに次々現れてくるの。それはもう、果てしなく。

K代ちゃんの場合、お店を持つかどうか迷ったとき「GO！」という文字が頻繁《ひんぱん》に現れたそう。スタッフを何人雇うか迷ったときも「3」という数字のオンパレード。行くお店が全部3階だったり、3つ子（！）に出会ったり……。しっかりサインを受け取って3人のスタッフを雇ったK代ちゃん。

今では行列のできるパン屋さんのオーナーになって、デパートからの出展依頼もきているとか。宇宙のサインは成功への近道でもあるのよ。

ポイント＊気になるものはサインのひとつ

ステップ3　宇宙のサインを受け取るコツ③

瞬間的に感じたことが答え

サイン2は、じつはサイン1よりずっと判断が難しい。

というのも、あなたがイメージした、宇宙に尋ねたってことは、すでに意識がそっちにいっちゃっているから。

この状態では通常、「ＹＥＳ」のサインのほうをキャッチしやすくなるの。

恋愛、結婚に関することはとくにね。

先日読者さんから、こういう質問をいただいたの。

「『カレは私を愛していますか？』って宇宙にきいたら、しばらくして目の前につがいのハトが現れました。私はＹＥＳのサインだと思ったのに、結局フラれちゃったんです。私の解釈が間違っていたのでしょうか？　それとも、宇宙がウソをついたのでしょうか？」

最初にいっておくと、あなたの解釈に間違いなんてない。

あなたがその瞬間に感じたこと――それが答えなのね。

とはいえ、見落としの可能性はあると思うわ。

つがいのハトが目に入る前に、もしかすると「通行止め」のマークがあったかもしれない。

あるいは、まわりから怒鳴り声が聞こえていたかもしれない。

この2つ、じつは典型的な「NO」サインなんだけど、たぶん気づけない人が多いと思うの。


「YES」はなんとなくわかっても、「NO」はわかりにくい。


だから、宇宙が「NO」サインを降ろしてきても、無視しちゃった可能性があるのね。

でもね。当たり前だけど、「NO」サインもキャッチできるようにならないと正確な判断はできないのよ。宇宙とツーカーにもなれないしね。


ポイント＊「NO」サインは見落としやすい

ステップ3　宇宙のサインを受け取るコツ④

「YES」と「NO」はこう違う

ここでは参考までに、「YES」「GO!」のサインと、「NO」「STOP!」のサインの例を挙げておくわね。

もちろん、これはあくまでも一例。

おおまかな目安としては、こちらが嬉しくなるようなものは「YES」「GO!」、イヤな感じがしたり、ギョッとしたりするようなものは「NO」「STOP!」と考えてみて。

宇宙のサインを解釈するコツはね、考えすぎないこと。

最初に「あ、○○ってことだわ!」って思ったのに、それを否定して、「でも考えてみると……だから、○○って意味かも」なーんて、複雑に考えちゃダメ。

考え直したほうが正解ってこと、まずないから。

ポイント＊嬉しくなるものがＹＥＳ、イヤな気持ちになるものがＮＯ

「ＹＥＳ」もしくは「ＧＯ！」のサイン

「ＧＯ」「ＯＫ」「congratulations!（おめでとう）」といった文字が目に入る／笑い声、歓声、「おめでとう！」といった声が聞こえる／青信号が続く／結婚式、祝賀会、誕生日会などおめでたいシーンに出くわす／好きな香水をつけている人とすれ違う／小鳥のさえずりが聞こえる／ずっとほしかったものが手に入る／花やプレゼントが届く／すれ違った人がほほえむ……etc.

「ＮＯ」もしくは「ＳＴＯＰ！」のサイン

「×」マーク、「通行止め」、「進入禁止」のマーク／怒鳴り声、泣き声、いい争う声／サイレン、ブレーキの「キキーーッ！」という音／パトカー、消防車に出くわす／ものを落とす、倒す／雨が降り出す、雷が鳴る／間違い電話が入る（かける）／転ぶ、つまずく、ケガをする／お腹や頭が痛くなる、風邪をひく、体調を崩す／カラスを見る、もしくは鳴き声が聞こえる／叱られる、クレームをつけられる／黄・赤信号が続く……etc.

ステップ3　宇宙のサインを受け取るコツ⑤

サインの「すり替え」に注意

それと、もうひとつ考えられるのはサインの誤解——つまり「すり替え」。

これは、サインの解釈を誤るってことじゃなく、潜在意識が引き寄せてしまったものを、宇宙からのサインだと誤解しちゃうってことなの。

こと恋愛・結婚に関しては、この「すり替え」がすごーく多い。

女の子って恋をすると、1日中、好きな人のことを考えているじゃない？　ベクトルがぜ〜んぶ、「好きな人に関わること」に向かっているわけよ。

結果、好きになった人がD社の人間だったら、D社にかかわる文字やニュースがやたらと目に入ってくるようになるのね。

でも、これは潜在意識が引き寄せたもの。本来のサインではないのよ。

たとえば、「カレは私のソウルメイトでしょうか？」とか「カレと結婚できますか？」という質問をした場合、その時点で無意識のうちに「ＹＥＳ」のサインを探し始めちゃっているわけ。

私が本やブログで「執着を手放して」って繰り返し書いているのは、想いが強すぎると宇宙のサインを正しく受け取れないから。

潜在意識が引き寄せたのか、宇宙からのサインなのか、見分けがつかなくなるからなの。

実際、この2つを明確に区別するのは難しいんだけど、しいていえば、宇宙のサインは無防備なときに降ってくることが多いわね。

質問したことにまったく意識がいってないとき——たとえばボーッと信号待ちをしているときとか——に、ひょいと入ってくるのは、ほぼサインと考えていいと思うわ。

それと、サインというのは本来、スピーディなもの。

「山」といったら「川」。このテンポがサインの証なのね。本当のサインであれば、問いを投げてから遅くても、1時間以内に降ってくるはずよ。

ポイント＊思いが強すぎると、「すり替え」が起こる

ステップ3　宇宙のサインを受け取るコツ⑥

賞味期限があることを知っておく

誤解してほしくないんだけど、宇宙はけっして預言者じゃないの。

宇宙のサインはあくまでも現時点での回答であって、「あなたは将来ゼッタイこうなります」という予言ではないのね。

現時点でYESなのかNOなのか。今、何をすればいいのか。今、どこに行けばいいのか。今、続けるべきなのか止めるべきなのか——。

宇宙が得意とするのは、そういう「現時点でのアドバイス」。

1年後、ましてや5年後のことなんて、サインで示しきれるはずもない。

信号だってそうでしょ？　信号機の青は、「この交差点ではGO」ということであって、1キロ先の交差点でもGOってことじゃないのよ。

現時点ですべてうまくいっていても、1ヵ月後に状況が変わることなんていくらでもある。

私達だってそうじゃない？　今の今まで「ゼッタイお寿司！」って思っていたのに、「やっぱイタリアンにしよ」みたいな。


だからこそ、宇宙のサインは現時点のものとして読むべきなの。


「彼と結婚できますか？」ってきいた直後、友人から「彼からプロポーズされたの♪」という電話が入った。コレ、あきらかに「ＹＥＳ」のサインよね。

でも、それはあくまでも、現時点での「ＹＥＳ」。永遠に「ＹＥＳ」とは限らないわ。つまり、サインには賞味期限があるの。

この世で変化しないものなんて、何ひとつない。

「サインと逆のことが起こった↓宇宙はウソつき↓もう信じない」っていうのは、いくらなんでも頭カタスギ。

宇宙とツーカーになるには柔軟さも必要よ。

ポイント＊サインは「現時点」での答え

ステップ3　宇宙のサインを受け取るコツ⑦

五感を磨いて直感をONにする

「サイン」というと目に見えるものと思いがちだけど、じつはそうとも限らないの。

たとえば、先週のこと。

「新しい商品を出すの、春と夏どっちがいい？」

宇宙にそんな問いを投げてタクシーに乗ったところ、BGMにかかっていたのがビバルディの「春」。宇宙は「音」を通して答えをくれたわけ。

あとは、こんなこともあったわ。

「Mさんとの会食、どこにしようかしら……」と思っていたら、待ち合わせをしていた友人が、バラの香水をつけてきたの。

「あ、な〜るほど。〝ローズガーデン〟（レストランの名前）ね！」

宇宙はこんなふうに、目に見えるものだけでなく、音、匂い、手触りといったありとあらゆるもの――つまり、五感を通してメッセージを送ってくるの。

五感って、要はアンテナなのね。視覚、聴覚、嗅覚、味覚、触覚すべてがONになってる人は、5本のアンテナが立ってるってこと。

でも、たとえば、「匂いや手触りなんて意識したことない」なんていう人は、アンテナが3本しか立ってないことになる。

5本のアンテナと3本のアンテナ、どっちが有利かしら？

実際、五感を研ぎ澄ませると、今まで気づかなかったサインがバンバン入ってくるようになるわ。

宇宙からすると、アンテナが5本立っている人のほうが断然サインを送りやすい。手段が5つあるわけだから。

「じゃあ、直感は要らないの？」って思った人がいるかもしれない。

直感はもちろん必要よ。でも、直感を鍛える必要はないの。

だって、直感は五感の総合体だもの。
五感がシャープになれば、直感は自動的に「ON」になるのよ。

ポイント＊自分の好きな香り、好きな手触りを知っておく

ステップ3　宇宙のサインを受け取るコツ⑧

受け取ったら、行動に移す

「宇宙のサインがほしい！」と望んでも、ガンガン降りてくる人と、まったく降りてこない人がいる――どうしてだと思う？

後者の場合、本人がサインに気づいていないってケースももちろんあるけど、じつは、それ以外にもちゃんと理由があるのね。


宇宙はね、リアクションがないとサインを出すのを止めちゃうの。


つまり、「あ、これがサインか。ふ～ん」で終っちゃダメだってこと。

「おっしゃる通りにしましたよ」ってことを、行動で示す必要があるのね。

たとえわかっててもなんのアクションも起こさないでいると、「あ、この子はサインがわからないんだ。じゃあ送るのや～めよ」ってなっちゃう。

たとえば、M美ちゃん。

なかなかヤセられずに困っていた彼女は、最近、「私にベストなダイエット法を教えてください」って宇宙にきいたらしいの。すると、その日から1週間、「スムージー」という言葉や記事が立て続けに降ってきた。

なのになんのアクションも起こさないでいたら、サインがピタッと止んじゃったんですって。

「スムージー作らなきゃとは思ってたのよ。でも、残業続きで毎晩帰るのが12時すぎ。野菜買うヒマなんてなかったのよお。宇宙だって、そのへんわかってくれてるはずなのに……」

あのねー。M美ちゃん。

宇宙はあなたの気持ちも事情も読めません。

宇宙にとっては、行動がすべてなの。

だから、「あ、これサインだわ！」と思ったら、ちゃんとアクションを起こす。それが宇宙に対する「サインありがとう！」の意思表示なのね。

ポイント＊宇宙はあなたのリアクションを待っている

第１章のまとめ

「今すぐかなえたい願い」があるなら？

1

マゼンダ・エネルギーで愛を増やし、
宇宙に気づいてもらう。

2

宇宙はイメージ（映像）しかキャッチできない。

3

「すんなりイメージできること」を優先させると
願いがどんどんかなっていく。

4

「なぜか気になる」は宇宙からのサイン。

5

宇宙がサインを送ってくるのは
「道ができている」証拠。

Chapter 2 | 第2章

あなたの「運命の輪」をまわすには？〜条件①

自分の「ホーム」に身をおく

願わなくても、願いがかなうのはナゼ？

これまで願いをかなえる方法についてご説明してきたけど、ここまではほんの前座。私が本当にお伝えしたいことは、じつはここからなの。

自分の願っていることがかなったら嬉しい。
でも、願う前にかなっちゃったら、もっとよくない？

わざわざ宇宙に願わなくても、「そうそう、こうなりたかったの♪」ってことが先に起こっちゃったら。

私はここ数年間、何かを願ったことってほとんどないのね。

編集者のタカちゃんに「Ｋｅｉｋｏ流願望達成法を書いてください」っていわれたとき、「え？　願いって……私、どうやってかなえているんだっけ？」って思っちゃったくらい、願いをかなえるっていう意識が希薄になってるの。

だって、願う前に「そうなの。これを望んでたのよ！」っていうことがやってきちゃうんだもん。願う暇がないのよ。


なぜ願う前にかなうんだと思う？

それは、「運命の輪」がまわっているから。


「運命の輪」がまわってしまえば、もはや願う必要なんかない。

いいことが、次々にやってくるの。

「運命の輪」って、人生のスイッチみたいなもの。

何かを動かそうと思ったら、スイッチを入れなきゃいけないじゃない？

でないと電気もつかないし、クルマだって走らない。

「いいことが起きない」「願ったことがかなわない」って人は、人生のスイッチがまだONになっていないから。

あなたの「運命の輪」が、まだまわり出していないからなのね。


ポイント＊願うより「運命の輪」をまわしたほうが早い

「運命の輪」って、何？

去年の夏、実家に帰ったとき、某通販チャンネルがついていたのね。

そのとき、ふと思ったの。

「私のデザインしたジュエリーもここで売れたらいいなあ」って。

3週間後。メーカーさんと打合せがあって待合せ場所に行ったところ、たまたま居合わせた男性を紹介されたのね。

「あ、はじめまして〜」といいつつ名刺を交換すると、なんとそのチャンネルのディレクターさん！　これはチャンスとばかりに私の商品をプレゼンしたところ、あれよあれよという間に話が進み、その番組での販売が決定。

この間、私はほとんど何もしてない。


なのに思い通りになったのは、人生のスイッチがONになっているから。

「運命の輪」がまわっているからなのね。

「運命の輪」の中には、あなたの人生に必要なありとあらゆるものが含まれている。チャンス、出会い、天職、ソウルメイト……あなたを幸せにしてくれるものがぜーんぶこの中に詰まっていて、いったんまわりだすと、それが次から次へと出てくるの。まるで回転ずしみたいに！　回転ずしが延々まわり続けるように、「運命の輪」も、いったんまわり始めると止まることがない。

必要なものが絶妙なタイミングでやってきて、あなたが願おうが願うまいが、思い描いたことがどんどん現実になっていくの。

願ったことがかなわなくて落ち込む……なんてことは一切ナシ！
ストレスがなくなって心満たされるからエネルギーがどんどん大きくなって、さらに大きなものを引き寄せる人になれちゃうの。
じゃあ、どうすれば「運命の輪」がまわり出すのか？
その方法を、これからお伝えするわね。

ポイント＊あなたが望むものは、すべて「運命の輪」の中に

「運命の輪」をまわす2つの条件

「運命の輪」をまわすためには、条件が2つあるの。

1 「ホーム」にいること
2 「ピンときたらアクション」が身についていること

「ホームにいる」とは、「本来いるべき所にいる」ってこと。（スポーツでいう「ホーム」「アウェイ」のホームね）これはもう、「運命の輪」をまわす必須条件。タネを植えるのに土が要るのと同じよ。

ちなみに、「本来いるべき所」ってどういう所だと思う？
それは、あなたが受け入れられ、存在自体が祝福される所。
家庭でもオフィスでも、あるいは趣味のグループでもかまわない。
あなたが愛され、応援され、そして、あなたの良さがちゃーんと評価されてる環境と理解して。

たとえば、イチロー。彼にとっては、野球をやっていることが「ホームにいる」状態。野球だからこそ、あれだけの功績を残せているのね。もしサッカーだったら、今ほどの活躍はしてないと思うの。なぜって、サッカーは彼にとって「アウェイ」だから。


アウェイにいると、いくらがんばっても「運命の輪」はまわらない。


そもそも、自分ひとりの力で「運命の輪」はまわすのはムリなのね。あなたの愛と才能。そして、まわりの人達の祝福と応援。

これらが調和したときはじめて、「運命の輪」にスイッチが入るの。

願いをかなえるのに、がんばりは必要ない。それよりも「調和」。

あなたとまわりの人達が美しいハーモニーを奏でたとき、あらゆることが願わなくてもかなっていくのよ。


ポイント＊「ホーム」はあなたが輝いていられる場所

あなたは「ホーム」にいる？

自分がホームにいるかどうか、どうやって判断するのか。

これは、野球やサッカーの試合を思い出すとよくわかると思うの。

ホームでプレーする選手には声援も応援もスゴイでしょ？　あなたがもしホームにいれば、これと同じことが起きるわけ。まわりが何かと応援してくれて、何より、居心地がいい。自分の能力が発揮できるから、褒められることも多いわね。あなたのほうにも「みんなによくしてもらってありがたい」という感謝の気持ちが自然にわいてくるわ。

逆に、トラブルが頻発《ひんぱつ》したり、イヤな思いをしたりすることが多ければ、それはあなたがいるべき場所じゃない。これは「アウェイにいる」状態ね。

アウェイというのは「敵地」だから、そこで実力を発揮するのは至難の業。

そんなとこでチャンスを待っていても、時間のムダなのね。

宇宙のやることはいたってシンプル。行く道が正しければいくらでもサポートしてくれるけど、間違った道に迷い込んだときは遠慮なく障害を与えてくる。

トラブルが多いというのは「ここは違うよ！」っていうお知らせなのね。


違う道は、どこまで行ったって違う道。

我慢して行けば正しい道に変わるなんてこと、はっきりいって、ナイ。

早いとこそれに気づいて、路線変更したほうがいいのね。

「そんなにカンタンに諦めちゃっていいの？　人間、障害を乗り越える努力も必要じゃないの？」という声が聞こえてきそうね。

ええ、おっしゃるとおり。確かに、そういう努力も必要かもしれない。

でもそれは、正しい道を進んでいる場合のハナシ。

道に岩があったらどうする？　違う道を探すでしょ？

岩をどかそうなんて思わないじゃない？　人生だって同じこと。障害が多いならさっさと路線変更したほうがいいわ。


ポイント＊違うと思ったら、さっさと路線変更

自分が輝けるフィールドの探し方

「今の私、ホームにいないな……」

そんなふうに感じたとしたら、早いとこホームに移動しなきゃ！　そのためにはまず、あなたのフィールドを見つけること。

ここでいう「あなたのフィールド」とは、あなたがやるべきこと。向いていること。もっというなら、それをやっていてあなたが輝きを増すもの。天職とかライフワークと考えてもいいわね。

ちなみに、自分のフィールドには２つのパターンあるの。

１　自分自身もそれが好きで、やっていて楽しいこと。

２　自分の意志と無関係に、それをやることが宿命づけられていること。

１については、説明は不要ね。好きなことっていうのはもう、それだけで立派な才能なのよ。ときどき読者さんから「歌が大好きで今後も続けたいのですが、才能があるかどうか疑問です」みたいなご質問をいただくんだけど、私にいわせれば、疑問に思うこと自体がナンセンス。才能がなきゃ、好きとか続けたいなんて思わないもの。

ただ、向き不向きがあると思うから、考えるとすればそこね。たとえば歌なら、ソロ向きとかコーラス向きとか、指導者向きとか、色々あるじゃない？　その中で、あなたがいちばん輝く道を選ぶべきだと思うの。

いっぽう、2はちょっと違う。人によっては、本人の意志とは無関係に用意されている道があって、その場合、必ずしも本人がそれを好きとは限らないのね。たとえば私の場合、ジュエリーのデザインは1、本を書くことは2かな。

2の場合、自分の意志にかかわらず、多くの人が応援してくれるのが特徴。

もちろん、1も2も、自分のフィールドであることに変わりはないわ。

ポイント＊好きなこと、応援してもらえることが、あなたのフィールド

自分の才能を知る7つのヒント

「自分のフィールド」について、もう少しご説明するわね。

私がいただくメールの中には、「自分が何に向いているのかわかりません」っていうのがすごーく多い。

でもね。才能って、「見つける」ってほどのものじゃないのよ。

才能なんていうと、何か大それたもの――ダイヤモンドの原石みたいな特別なものと思いがちだけど、決してそんなんじゃない。

たとえば、こんなことはないかしら？

その1　苦労なくできること、がんばらなくてもできること
その2　努力しなくても人並み以上にやれてしまうこと
その3　やっていると時間を忘れる、1日中やっていても飽きないこと
その4　まわりからよく頼まれること

その5　人に褒められたり、喜ばれたり、感謝されたりすること
その6　教えられなくても自己流でできてしまうこと
その7　子供の頃から自然にやっていたこと

この中に当てはまるものがあったら、それはあなたの才能（フィールド）よ。
そもそも、才能なんて平凡でいいの。
飛びぬけた才能を持っている人なんて、世の中にいくらもいないんだから。
大事なのは才能の凄さじゃなくて、あなたの個性。「見せ方」なの。
まずはあなたの「ウリ」を決める。
それをどんどんアピールしていくことが大事なのね。
そうやって個性を出せば出すほど、あなたのエネルギーは大きくなっていくわ。
得意なもの、好きなものっていうのは、自分をアピールする道具。
今世を生きるために、天から与えられた道具なのね。
それは、「運命の輪」をまわすスイッチでもあるのよ。

ポイント＊大事なのは、あなたの「ウリ」と「見せ方」

あなたにピッタリなことは長続きする

皆さんの中には、しっくりくる仕事が見つからなくて、職を転々としている人がいるかもしれない。私は、それも悪くないと思うのね。

むしろ、居心地のいい場所（=受け入れられる環境）を、貪欲に求め続けるべきだと思う。

「石の上にも3年」っていうのは、昔のハナシ。時の流れがおそろしく加速している今、3年もムダにしている時間はないわ。

コレ！と思ったらやってみる。違うと思ったら次にいく。

それでいいのよ。

中には、「何をやっても長続きしない」ことに、引け目を感じている人もいると思うの。

でもね、気にしなくて大丈夫。

ピッタリなものに出合えれば、必ず長続きするから。続かないのは、あなたがやるべきことじゃないからよ。

とはいえ、仕事を10回以上変えている……なんていうのは、ちょっと気をつける必要があるわ。

それは、五感が鈍っている証拠だから。

そもそも五感がONになってれば、見当違いっていうのはさほど起こらないはずなの。普段からハズレが多い人は、五感を磨くのが先決。性能のいいアンテナを立てて、必要なものだけにピントが合うようにしないとね。

ポイント＊見当違いは五感が鈍っている証拠

お金がたくさん入ってくる人のヒミツ

仕事の話のついでに、エネルギーとお金の関係を少し。

「神は乗り越えられない試練は与えない」っていう言葉があるでしょ？

お金に関しても同じなのね。宇宙は、その人が扱いきれないお金は与えないのよ。高額宝くじに当たった人にかぎって不幸な結末をたどったりするけど、これはエネルギーの扱い方を知らない人が、あまりにも大きなエネルギーを抱えてしまった結果。プラスチックの小皿に10キロのステーキがガガーーンと乗っかった結果、小皿がつぶれちゃったわけ。

ここでいう「扱う」というのは、エネルギーの「生きた使い方」ってこと。

たとえば、転職したいけど何に向いているかわからない、何をしたいかもわからない……という人が、「1千万円手に入りますように」と願ったところで、まずムリだと思うの。自分が何に向いているかわからないってことは、エネルギーの使い方を知らないわけだから。

お金と能力って、じつはまったく同じエネルギーなの。

能力を使った結果がお金というだけ。

だから、自分の能力をうまく使っている人は、お金もたくさん入ってくる。

私は会社を辞めてから収入がポ～ンとUPしたんだけど、それは、エネルギーの使い方を知ったからだと思うのね。

自分の能力を何にどう使って、世の中にどう見せていくか。手元にきたお金を何にどう分配して、どんなふうに循環させていくか。自分のエネルギーの使い方を学んだからこそ、見合うお金が入るようになったんだと思うの。


収入をUPさせたいなら、まずは自分の資質を知ること。


そして、それを使って自分のエネルギーをどんどん大きくしていく。

そうやって宇宙が「エネルギーをうまく使っているな」って認めてくれると、それに見合うお金が降ってくるようになるのよ。


ポイント＊自分の器が大きくなれば、お金はふんだんに入ってくる

ソウルメイトとの出会いを早める方法

お金とくれば、次はソウルメイト。運命のパートナーについてね。

「どうすればソウルメイトに出会えるの？」

これはあなたが今、いちばん知りたいことのひとつなんじゃないかしら。じつはソウルメイトとの出会いって、あなたのカルマと大いに関係してるの。

「カルマ」というのは、私たちが生まれ変わる度に出される課題みたいなもの。

私はこの8年間、ソウルメイトに出会えた人達から、実際にいろんな話を聞いてきたのね。


そしてわかったことは、カルマの種類（今世どんな課題を与えられているか）によって、ソウルメイトに出会う早さが違うということ。

たとえば、「子供」や「家庭」に関するカルマを持っている人は、おおむねソウルメイトに出会うのが早い傾向がある。それはそうよね。結婚してからじゃないと、こうしたカルマにチャレンジできないわけだから。ちなみにこれは、ソウルメイトに出会ってから運命の輪がまわり始めるパターン。

逆に、「仕事」や「自立」のカルマを持っている人は、前の人達ほど出会いは早くないわ。この人達は、自分なりにカルマを達成してからソウルメイトに出会うというケースがほとんど。

つまり、カルマを昇華したご褒美にソウルメイトと出会えるってことなの。

さらにもうひとつ。中には純粋に「ソウルメイトと2人の時間を過ごす」ことが人生のテーマになっている人もいて、この人達は、離婚して子供が成長してからソウルメイトに出会っているという共通点があるの。後の2つは、運命の輪がまわってからソウルメイトに出会うパターンね。この場合、運命の輪がまわり出すのが早いほど、ソウルメイトとの出会いも早くなるわ。

ポイント＊出会いを早めたいなら、運命の輪を今すぐまわす

第２章のまとめ

あなたの「運命の輪」をまわすには？①

1

「運命の輪」がまわり出すと、
いいことが次々にやってくる。

2

「ホーム」（本来いるべき場所）にいることが、
「運命の輪」をまわす第一条件。

3

「ホーム」を見つけるためには、
まず自分がイキイキできる場所を探すこと。

4

自分のエネルギーの使い方がわかれば、
お金はふんだんに入ってくる。

5

「運命の輪」がＯＮになれば、
ソウルメイトとの出会いも早まる。

Chapter 3 ｜第３章

あなたの「運命の輪」をまわすには？～条件②

ピンときたらアクション

チャンスは未来からやってくる

運命の輪をまわすためには、「ホームにいること」が第1条件。

次に、もうひとつの条件である「ピンときたらアクション」についてお話しするわね。これは、「直感とアクションはワンセット」ってこと。もっといえば、「アクションを伴わない直感は意味がない」ってことなの。

ここで、ぜひ知っておいてほしいことがひとつ。それは、

運やチャンスは「未来からやってくる」ということ。

運もチャンスも、過去の積み重ねによるものじゃないのよ。その証拠に、一生懸命努力した人が、必ずしもチャンスをつかむわけじゃないでしょ？

運と努力はまったくの別物。次元が違うのね。努力が「過去」の積み重ねであるのに対し、運やチャンスは「未来」からやってくるもの。

だから、強運を目指すなら、意識を未来に向けなきゃいけない。運と同じ方向を向いてないとね。

私達って、過去の経験から物事をとらえがちだけど、それがそもそもの間違い。過去のデータは、あくまでも参考程度。宇宙はつねに変化しているんだから、過去と同じになる、なんてことはありえないのよ。時の流れが速い今なんて尚更ね。私のまわりでも、つねにちょっと先を読んでいる人はひとり残らず成功してる。そういう人達は、いともカンタンに運命の輪をまわしちゃうの。

彼らの共通点は「過去」にとらわれず、「直感」を信じて行動しているということ。

直感というのは、チャンスや運という「未来情報」をキャッチするアンテナなのね。

ポイント＊努力するより直感を磨く

思考は「未来情報」をキャッチできない

このアンテナが「思考」でないことに注目してほしい。

思考というのは、あくまでも過去の経験に基づいたもの。

脳ミソの中にある過去のデータベースからありとあらゆる情報を引っ張り出して、結論を出そうとするのが「思考」。

過去にああいうことがあったから、おそらくこうすればああなってこうなって……っていうシミュレーションをするのが、思考の仕事なのね。


つまり、思考というのは過去がベースになっている。


でも、前にもいったように、運やチャンスは未来からやってくるのよ。

脳ミソのデータベースにあるのは過去の体験や知識であって、そこに運やチャンスに関する情報はいっさい入ってないのね。

それに対し、直感は未来情報に向けたアンテナだから、運やチャンスをキャッチするのは大得意。

っていうか、そのためにあるんだと思うの、直感って。

ただし、運もチャンスもつねに流れているから、考えてる暇なんかないわ。

直感というアンテナが何かをキャッチしたら即、アクションを起こさなきゃいけない。

「ピンポ～～ン」って鳴って1時間後に出ていく人はいないでしょ？

そんな悠長なことしていたら、受け取れるものも受け取れない。

超ビッグなプレゼントかもしれないのにね。

「ピンとくる」っていうのは、宇宙からのお知らせ。

「ほらほら、今だよ～」ってQ出ししてくれてるのね。

せっかく教えてくれているんだもの、即行動しなきゃ！

ポイント＊チャンスをキャッチできるのは直感だけ

まったく関係ない行動が、最短距離の場合も

ピンときたら即、行動に移す——たったこれだけで人生が変わるのに、実行できない人がなんと多いことか！

面白いのは、一見、無関係な行動が、願いをかなえる最短手段だったりすること。

たとえば、私の友人Y美ちゃん。

今年のはじめに会ったとき、彼女、こんなふうにいってたの。

「青山1丁目に引越したいのよねー。3Fか4Fの角部屋で南向き」

それってけっこう難しそう……と思いながらも、こないだY美ちゃんに「どう？　お部屋見つかった？」ってきいてみたの。すると……、

「うん、それがあったのよ〜　エステサロンで見つかったの！」

きけば、不動産屋に行く途中、あるエステサロンが妙に気になって、入ってみたんですって。

施術を受けながら「じつはこのあたりでマンション探してて……」と何気なくいったところ、「あら、今いらしてるお客様、このあたりに何軒かお部屋持ってらっしゃいますよ。きいてみたらいかがですか？」。

その後さっそく話をきくと、なんと、条件にぴったりのマンションが空くことが判明！

「そんなわけで、先週契約を済ませたところよ。ほんとラッキー♡」

ここで注目してほしいのは、「希望の部屋がエステサロンで見つかった」という事実。普通、部屋を探すのにエステサロンに行く人はいないわよね？　でも、ご縁はどこに転がっているかわからないわけで、その「わからない部分」を教えてくれるのが直感なのね。しかもピンポイントで、驚くほど正確に。

一見まったく無関係なことでも、見えないところでつながっているのよ。

ポイント＊直感は究極のナビ

「なんとなく」も立派な直感

「私、直感がまるでなくて……」っていう人がいるのよね、ときどき。じつはコレ、ちょっとした誤解。直感というと、ある一部の人だけが持っているもののように思うかもしれないけど、全然そうじゃない。

たとえば、「なんか気になる」とか「目が釘づけになる」なんていうのも、れっきとした直感。

私達って、小さいときから頭を使うこと（つまり勉強）ばっかりさせられてるじゃない？　大人たちからも「よく考えて行動しなさい！」な～んていわれるから、「頭を使わなきゃいけないんだ」って思わされちゃてる。頭を使うことがエライというか。でもね。頭を使うのは勉強のときだけでいいのよ。

それ以外では、直感を使う。直感を主役にしたほうが、あなたらしく生きられるわ。

直感はあなたの幸せがどこにあるか、どうしたらそれが手に入るかを教えてくれる、ナビゲーターみたいなもの。これは、いくら頭をひねったって出てこない。思考では導き出せないものなの。

だって、幸せって感覚的なものでしょ？　感覚的なものはやはり、感覚の総本山である直感がいちばんよくわかってるのよ。

とはいえ、この直感を使いこなせてない人が多いのも事実。

私の見るところ、直感を使えてない人には3つのパターンがあるようなの。

タイプ1　そもそもピンとこない人
タイプ2　直感を信じることができない人
タイプ3　アクションが起こせない人

次からは、この3つのタイプについてご説明するわね。

ポイント＊勉強以外では直感が主役

【タイプ1】そもそもピンとこない人

まず、そもそも「ピンとくることすらない」という人。


この場合は、五感を磨くしかないわね。

直感というのは五感の集合体だから。


五感は本来、獲物を捕らえ、生き延びるための動物的本能。今では獲物を獲らなくても生きていけるようになったから、現代人の五感はずいぶん退化しちゃってるのが現実。でもね。五感が衰えていくと、幸せも衰えていくのよ。

五感は、幸せの在り処を教えてくれる貴重なアンテナ。

美味しいものを食べたとき「あ〜シアワセ」って感じるでしょ？

ふかふかの毛布にくるまったとき「う〜ん極楽」って感じない？

この「シアワセ♪」の感覚は、すべて五感によるもの。

五感は、あなたがどんなとき幸せを感じるかを知っている。五感がONになっていれば、幸せに直結するものは本能的にわかるはずなの。

私、思うのね。この「幸せの匂いをかぎ分けるセンス」が、人生の中でいちばん大事なんじゃないかなって。

それが身についているのが、いわゆる「強運な人」。強運な人というのは幸せの匂いをかぎ分け、自分が願うべきものを知っている人ということなの。彼らは、的ハズレなことを願ってエネルギーを浪費することがない。

幸せに直結するものだけに集中するから短時間でかなえるし、宇宙のサポートを最大限に受け取ることができるの。

強運になるためにも、やはり五感を磨く以外にないのね。

ポイント＊五感を磨くと、幸せに近づく

五感を磨くには?

五感がシャープになるとまず、幸せ察知能力が高まる。

それだけじゃないわ。今まで気づかなかった美しさや楽しさがわかるようになるから、人生そのものが豊かになる。人生を味わい尽くせるようになるの。

五感を磨いてトクすることはあっても、ソンになることはひとつもないわ。

じゃあ、五感を磨く方法とは?

これはもう、難しいことは何もない。


ただ、五感が喜ぶことをすればいいの。


「あ~シアワセ♪」って感じることを、めいっぱいやる!

美しい風景を見る、チェロの音色を楽しむ、ローズの香りで部屋を満たす……

そんな豊かな時間を1日の中、あるいは1週間の中にたっぷり取り入れてみて。

五感に「幸福感」を与えることで、60兆個の細胞ひとつひとつに「幸せって
この感覚よ！」って刻み込むの。

五感が鈍い人は、そもそも幸せの感覚を体感したことがない。
知らないから、幸せとそうでないものの違いがわからないの。

どういうシーンを見ると心満たされるのか。どういう音を聞くと胸が高鳴る
のか。何を美味しいと感じ、何の匂いに細胞が反応し、どういう触感を心地よ
いと感じるのか。それをまず、あなた自身が知らなきゃいけない。
それぞれの感覚に「あ〜シアワセ♪」を教えてあげることよ。
ポイントは、視覚、聴覚、味覚、嗅覚、触覚を満遍なく使うこと。

この中で、はじめの３つは日常的に使っているから、できれば嗅覚と触覚を
意識してみるといいわね。

ポイント＊満ち足りた感覚を五感に覚えさせる

【タイプ2】直感を信じることができない人

先日あるセミナーに出て、ビックリしたことがあったの。

先生が「自分の直感を信じられない人、手を挙げてみて」っていったら、なんと大半が手を挙げた！　思わず目を疑ったわ。

でも、ここでわかったのね。ということは、みんな直感はあるんだなって。

問題は、それを信じられないってこと。せっかくいいアイデアがわいても、「気のせいだわ」「そんな突拍子もないことをやってどうなるの？」みたいに、否定しちゃうのね。でもね、なんてモッタイナイ！

ときどき「成功すると思ってたのに、失敗して痛い目にあった。もう自分の直感は信じない」という人がいるけど、それはちょっと違うんじゃないかな。

結果はダイレクトに現れるとは限らないもの。


ワンクッションおいてから願いがかなうってこと、往々にしてあるのね。

たとえば私の友人、S子ちゃん。彼女は4年前、「輸入ワインはビジネスになる！」という直感にしたがって、ワインの専門店を開いたのね。ところが、開業して半年、思ったほど売上げが伸びない。

半年間赤字続きで、「どうしよう、来月の家賃払えないわ……」となったとき、苦肉の策で倉庫にあるワインをネットで売り始めたら、これが大ヒット！

今では東欧の珍しいワインやオーガニックワインなんかも輸入して、売上げは年々右肩上がり。しかも、ネットショップのお客さんたちが実店舗にも来るようになったので念願のワインバーもオープンさせ、今ではお店もバーも大繁盛しているわ。S子ちゃんの場合は、こういうこと。

「ワインはビジネスになるとピンときて↓お店を開いたところうまくいかず↓ネットショップに転換したら成功し↓ワインバーまでオープンさせた」

いっときの失敗は、「新たな可能性のきっかけ」であることが多いのよ。

ポイント＊失敗したあと、何倍にもなってかなうことも

ピンときたことは「幸せのタネ」

S子ちゃんの例からもわかるように、ピンときたことを実行すると、まず間違いなく成功する。私自身の経験からも、それは自信を持っていえること。

すぐに結果は出なくても、行動に移すことで新しい流れが生まれ、いろんなことが芋づる式に起きてくるわ。

そのプロセスは必ずしも、あなたが描いたイメージ通りじゃないかもしれない。

たとえばS子ちゃんは、最初からお店を出して成功するイメージを描いてたわけだけど、はじめはうまくいかなかった。でも、苦肉の策でやったネットショップで成功し、それからお店がうまくいき始めたわけ。

ここで大切なのは、S子ちゃんの成功はお店を開いたからこそ――つまり、直感を信じてアクションを起こしたからこそ可能だったたってこと。

もし動いていなければ、今の成功はなかったと思うの。

ワインバーを持つこともなかったろうしね。

ストレートに成功する場合もあれば、こんなふうに紆余曲折を経て成功する場合もある。

でも、いずれにしたって、行動からすべてが始まるのよ。


ピンときたことっていうのは、「幸せのタネ」なのね。

要は、それを蒔くかどうか。


願いをかなえる人は、タネを手に入れたらすぐ蒔いちゃうの。

そして、美味しい実を味わっている。

いっぽう、願いをかなえられない人は、タネをずっとポケットにしまい込んでいる。その違いだけなのね。


ポイント＊「幸せのタネ」を持っているのに、蒔かない人もいる

【タイプ3】アクションが起こせない人

中には、「直感もあるしそれを信じてもいるんだけど、行動に移せない」っていう人もいるわよね。

このタイプの人はたぶん、あれこれ考えてしまうんだと思うの。

「だって時間がないし」とか「お金がかかるし」とか「そんなことやって失敗したらどうなるの」とか。アクションを起こさなくてすむ理由を、色々考える。

でもね。直感は、行動に移してはじめて意味を持つの。アクションを起こさなかったら、直感は単なる「思い過ごし」で終わってしまうわ。

前にもお話ししたけれど、宇宙にとっては行動がすべてなのね。

あなたの心とか精神ではなく、行動からすべてを判断するの。

いくらあなたが人格者であっても、人に愛も与えず何のアクションも起こさなかったら、けして宇宙の目には留まらないし、応援もされないわ。

このタイプの人は、とにかく一度、「ピンときたことを実行したらうまくいった」という体験をすることがポイント。

人間てね、嬉しいことは細胞が覚えているの。
たった一度経験するだけでも、潜在意識はバッチリ覚える。
そして、何度か経験すると、それが習慣になっちゃうの。
思ったことがなんでもかなっちゃう人は、かなうことが「習慣」になっているのね。

「ピンときて↓アクションを起こすと↓うまくいって↓嬉しい！」

このパターンが潜在意識に刻み込まれているから、ピンときた時点ですでにかなうことが見えているわけ。ということは、願いをかなえたいなら、このパターンを作ってしまえばいいのね。

ポイント＊「ピンときたら、動いて、かなう」をパターン化させる

うまくいくかどうかより「行動するかどうか」

このタイプ3で意外に多いのが「アクションを起こすのが怖い」という人。この人達は「失敗したらどうしよう……」っていう怖れがあるのね。

でもね、じつは、うまくいくかどうかって、あまり問題じゃない。

オリンピックじゃないけど、成功するかどうかじゃなくて、やってみることに意味があるのよ。なぜって、行動すると「必ず」変化が起きるから。

逆にいえば、変化を起こすには行動しかないってこと。もちろん、うまくいけばカンペキよ。でも、万が一うまくいかなかったとしてもたいした問題じゃないの。エネルギーは動き出しているから。変化は次々と起こってくるわ。

アクションは、流れを起こすスイッチ。

スイッチを入れなきゃ電気がつかないのと同じで、行動しなければな〜んも始まらない。人生に火をつけたいなら、行動するしかないの。

願っただけじゃかなわないわ！


私はいまや、お願いごとってほとんどしない。

だって、願うより行動したほうが100倍早いもん。


そもそも私達レベルの失敗なんて、たかが知れてるじゃない？

何十億の事業を興すわけじゃないんだから。うまく行かなければ、S子ちゃんみたいにやり方を変えればいいだけのハナシ。

いいこと？

宇宙がサインを送ってくるのは、すでに「道ができている」ときなの。「キミのために道を作っといたよ」ってことだから、堂々と進めばいいのよ。

ポイント＊行動すると必ず変化が起きる

「空間軸×時間軸」で運命の輪はまわり出す

「運命の輪」をまわすのに必要な条件、わかっていただけたかしら？

運命の輪をまわすためにはまず、「ホームにいること」。そして、「ピンときたらアクション」。この2つがそろったとき、運命の輪にスイッチが入るの。

ちなみに、なぜこの2つが必要なんだと思う？

それは、地球という星が「空間軸」と「時間軸」で成り立っているから。


運というのは空間（場）と時間（タイミング）の掛け合わせなのね。


たとえば、いくら優秀な科学者とはいえ、20年も先をいってたら世に認められることはないと思うの。

自分にふさわしいことをやっていても、タイミングが合わなきゃ日の目を見ずに終わってしまう。ゴッホみたいに、死んでから売れ出す画家なんか、いい例よね。かといって、タイミングさえ合っていればOKかといったらそんなことなくて、タイミングはよくても、場違いなところで見当違いなことをやっていたら、どんなに待ってもチャンスはやってこないわ。

イチローがサッカーやってても芽は出ないでしょ？　たぶん。

この地球では、「場」と「時間」を征する者が運を征するの。

だからこそ、ホームにいることで「空間軸」を制し、ピンときたらアクションで「時間軸」を制することが必要なのね。

①受け入れられる場所で与えられた能力を活かし、②ピンときたら即アクションを起こす――こうして運命の輪がまわり始めれば、もはや願いをかなえたい！」と思う必要すらない。

だってあなたが「かなえたい」と思うであろうことが、先にかなっちゃうんですもの。あなたが願うより前にね。

ポイント＊人生は場とタイミングで決まる

第３章のまとめ

あなたの「運命の輪」をまわすには？②

1

「運命の輪」をまわす鍵は、
「ピンときたらアクション」。

2

直感はチャンスをキャッチする、アンテナ。

3

ピンときたら即行動しないと、チャンスを逃す。

4

五感が鈍い人は
「あ〜シアワセ♡」体験を増やす。

5

「成功するかどうか」より
「ピンときたら行動する」ことが大事。

Chapter 4 | 第4章

今すぐ「運命の輪」をまわすには？

「強運な人」だけがやっている7つのアクション

運命の輪をまわすアクション①

「こだまの法則」を利用する

ここでは、「今すぐ運命の輪をまわしたい！」と焦っている方のために、7つのアクションをご紹介するわね。

前章の「ホームにいること」と「ピンときたらアクション」は、運命の輪をまわすための前提条件。いっぽう、ここでご紹介する7つは、運命の輪をより早く、確実にまわすためのとっておきアクションよ。

この世では、自分の発したエネルギーがそのまま自分に返ってくるという法則があるの。名づけて「こだまの法則」。愛を振りまいて生きている人はたくさんの人から愛され、怒りをぶちまけている人は事故やトラブルが多くなる。それは誰のせいでもない、自分自身が蒔いたタネなのね。というわけで、

アクション①　人の願いに協力する

人の願いをかなえてあげれば自分の願いもかなう。シンプルでしょ？

「願いをかなえてあげる」なんていうとエラそうに聞こえるけど、要は快く協力する、手を貸してあげるってこと。

ちなみに私、この方法で今の仕事を引き寄せたといっても過言じゃないわ。

神戸に住んでたとき街角に「ビッグイシュー」という雑誌を売っている人達がいたのね（彼らはそれで生計を立てている）。

その中のひとりが「1日10冊売るのが当面の目標」っていってるのを聞いて、それ以降、見かけたら10冊ずつ買うことにしたの（といってもたったの２００0円）。そうすれば少なくとも、私と会った日は彼の目標（願い）がかなうわけじゃない？

大きなビジネスが突如舞い込んだのは、それからすぐのこと。会社を辞めて半年、「そろそろ仕事しなきゃ」と思ってた矢先、最高のプレゼントが与えられたわけ。私が彼の願いをかなえたことで、今度は宇宙が私の願いをかなえてくれたのよ。


ポイント＊人の願いをかなえてあげれば、あなたの願いがかなう

運命の輪をまわすアクション②

ときには、なんとなく決めてみる

宇宙はいろんな形でチャンスを送ってくるんだけど、人の口を借りて知らせてくることも多いの。

「興味ないわ」とそっぽを向かず、人の話はとりあえず聞いておくのが正解。

アクション②　誘いにのってみる

たとえば、「1日も早く天職を見つけたい」って願ったとするじゃない？

そのとき、ズバリ天職に巡り合うこともあるけど、それは、あらゆる条件がすでに整っている場合なのね。

でも、現実的には、時期尚早ってことも多いわけで、宇宙はそんなとき、まずはここからっていう「とっかかり」の部分を見せてくるの。

Y香ちゃんは3年前、「今年中に天職を見つけたい！」って願った直後、友人にカナダ旅行に誘われたの。とくに行きたい国ではなかったらしいんだけど、仕事を辞めたばかりで時間はたっぷりある。「ま、いっか」という軽い気持ちで誘いにのったんですって。

カナダの公園でぼーっとしていたとき、たまたま目の前で、犬の訓練が始まった。きけば「ドッグトレーナー」というこの仕事、欧米ではわりと人気のある職種だという。

もともと犬が大好きなY香ちゃん、「これは日本でもイケル！」と直感し、そのトレーナーさんに話をきいてみると、なんとその方、ドッグトレーナー養成学校の経営者！　Y香ちゃんは早速入学して、1年後にトレーナーの資格を取得。今では「これぞ私の天職！」と充実した毎日を送っているわ。

人からのお誘いは、宇宙からのお誘いであることが多いの。とりあえずのってみるのも悪くないわ。

ポイント＊ピンとこなくても、イヤな感じがなければGO

運命の輪をまわすアクション③

いい意味で「テキトー」になる

一般的には良いこととされているけど、運命の輪をまわすのにかえって邪魔になるものがあるの。

その最たるものが「常識」。「計画性」とか「几帳面さ」もそう。

これらは、運命の輪をまわすのにまったくもって不要なもの。

常識的で計画性があって、しかも几帳面だったりすると、運命の輪はまわるどころか、サビついて動かなくなっちゃう。

アクション③　思いのままに行動する

常識って、「世の人々の共通意見」ってことよね。でも、考えてみて。

その「世の人々」の中に、強運な人がどれだけいると思う？

「私、思ったことがサクサクかなうの」っていい切れる人が。

おそらく、かなり少ないと思うの。ということは、こういえないかしら?

「常識にこだわると願いがかなわない」って――。

まあ、ちと大袈裟かもしれない。でも、あながちウソではないと思うの。

なぜって、私のまわりにいる強運者たちを見ていると、常識的な人なんてひとりもいないから。

外交官を辞めて農業をやっているM君、3人の子供をおいて40歳でアメリカ留学したS子ちゃん。一流企業を辞めて放浪の旅に出かけたR君……。

強運な人(=運命の輪がまわってる人)はまず、世間体を気にしない。常識で考えたらまずやらないであろうことを何の臆面もなくやってのけ、思ったことを次々とかなえていくの。

けして常識を否定しているわけじゃない。でも、常識にとらわれているとダイナミックに生きられないし、何より、宇宙と波長が合わなくなっちゃう。

常識というのはあくまでも人間界のルール。宇宙からすれば知ったこっちゃないのね。運命の輪をまわすのに、常識は必要ないのよ。

ポイント＊人間の常識は宇宙には通じない

運命の輪をまわすアクション④

「豊かになること」を優先させる

私が亡き父に感謝していることのひとつは、「迷ったら高いほうを選びなさい」と教わったこと。

今までとくに意識したことはなかったんだけど、先日心理学の先生と話をしていて、この選択の仕方が、じつは人生を大きく左右することがわかったのね。

いろんな人をみてると、少しでも安いほうを選ぶのが習慣になっている人が多いように思うの。でも、ちょっと待って。

そうやってつねに安いほう選んでいると、「私は安いものしか買えないオンナ」「貧しいオンナ」という潜在意識がしみついてしまうの。

豊かさとは程遠い方向に行っちゃうのね。

そうならないためにも、ぜひ次のことを実行してほしい。

アクション④　迷ったら高いほうを選ぶ

これは必ずしも金銭的な意味じゃなくて、「豊かさを感じるほうを選ぶ」ってこと。

つねに豊かなほうを選ぶクセをつけると、運命の輪は俄然、まわりやすくなる。宇宙は豊かなものが大好きだから、あなたが豊かさを選択すればするほど、宇宙と波長が合ってくるのね。

いいこと？　人生はね、「何を選択したか」で決まるの。

たった今から、「豊かさを選択すること」を習慣にしてみて。豊かになりたいなら、「豊かなほうを選ぶ自分」にシフトすることよ。

皆さんの中には、人生を変えるのが難しいと思っている人もいるかもしれない。とんでもない！　人生を変えるなんてカンタンよ。

習慣を変えれば、人生なんてすぐ変わるわ。

難しいのは人生を変えることじゃなく、習慣を変えることなの。

ポイント＊「豊かさ」を基準に物事を決める

運命の輪をまわすアクション⑤

流れに素直でいる

マロンパフェを注文したら「マロンパフェはできません。チョコレートパフェならご用意できますが」といわれたとするじゃない。

そのとき「どうして？　メニューにマロンパフェってあるじゃない？　どうしてできないの？」な〜んていちゃもんつけても意味ないのね。

できないっていわれたら、「あらそう、じゃあチョコレートパフェを」って素直にいえるかどうか。

この素直さこそが、運命の輪をまわすコツでもあるの。

強運な人の共通点は、素直であること。

それは、宇宙が作った流れに逆らわない、抵抗しないってことなの。

起こったことを「はい、わかりました」って受け入れればそのまま流れに乗れるのに、抵抗して流れを止めている人がいかに多いことか！

願いがかなわないっていう人は、起こったことに抵抗するクセがないかどうか、一度振り返ってみて。すべて素直に受け入れるようになれば、人生驚くほどスムーズになるから（ただし、障害やトラブルばかりというのは別。これは「アウェイ」にいる証拠だから、すみやかに「ホーム」を見つけること）。

アクション⑤　起こったことをそのまま受け入れる

たとえば、大好きな人と別れることになったとき、「どうして？　私のどこがいけないの？　どこが嫌いなの？」と問うのは意味がないと思うの。役目を終えたものは離れていくし、学びを終えたら次の段階にいく。それが自然な流れよ。

いくら中学時代の制服がお気に入りでも、それで高校にはいけないのよ。古いものは脱ぎ捨てないと。


ポイント＊流れを受け入れる人は運命の輪がまわりやすい

運命の輪をまわすアクション⑥

宇宙のテンポに合わせる

私がエージェントを務めるソウルメイトリーディング（「運命の相手」を詳細に導き出す占星術鑑定）には、ソウルメイトと出会う（もしくは結婚する）時期がちゃーんと書いてあるの。でも残念ながら、その時期に出会えない人がいるのも事実。

なぜだと思う？　それは「運命の輪がまわっていないから」。

運命の輪がまわってないと、予定されているもの（＝運命的な出来事）がやってこないのよ。

それと、いちばん多いのは、「出会いの時期を早める方法はないでしょうか」というご質問。

結論からいうと、前倒しは十分可能よ。方法はたったひとつ。

あなたが「宇宙のお気に入り」なること。

「え〜？　それってエコヒイキじゃない」って思った？　そのとーり。宇宙はエコヒイキが大得意なの。じゃあ、どうしたら宇宙のお気に入りになれるのか？　結構カンタンよ。というのも、宇宙は好みがすごーくハッキリしているから。

アクション⑥　決断、行動、切り替えをすばやくする

これはもう、宇宙のお気に入りになる絶対条件ね。だって、そうじゃないとテンポが合わないもん。宇宙がぽーんとチャンスを投げてきたとき、「待ってました」とばかりにキャッチして、すぐさまアクションを起こす。このキャッチボールができる人じゃないと、宇宙とペアを組めないのね。

「ちょ、ちょっと待って。一晩考えてから……」なんていっているうちに、飛んできた球はどっかいっちゃう。宇宙はきわめて速いリズムで動いてるから、それについてこられない人は目をかけてもらえない。というか、ムリなのよ。「ついてこられるヤツだけついてきて」っていうのが宇宙の基本スタンスなの。

ポイント＊宇宙のお気に入りになれば、ムリめの願いもかなう

運命の輪をまわすアクション⑦

イレギュラーもよしとする

宇宙のお気に入りになるポイントが、じつはもうひとつあるの。

アクション⑦　ハプニングを楽しむ

宇宙ってお茶目だから、いろんな仕掛けをしてくるのよ。

カマかけるのも、ジョークも大好きだしね。

中には一見アンラッキーに思えることも多いわけで、そんなとき、それを額面通りっていうか、あまりに深刻に受け取られちゃうと、宇宙も面食らっちゃう。私達だってそうじゃない？

ジョークでいったつもりが本気にされると「カクッ」ってなっちゃうでしょ？

宇宙としては、その後どんでん返しでステキなものを用意しているのに、「私ってなんて不幸なの……」みたいに真剣に落ち込まれたら、後が続かなくなるわけよ。宇宙は、自分のジョークについてこられる人が好きなのね。
ハプニング（とくにガッカリすること）やドタキャン、スケジュール変更なんていうのは、宇宙の常套手段。
その裏に、あっと驚く隠し玉があったりするのよ。
ハプニングというのは、クルマの運転でいうと「交差点でのUターン」。「そうだっ、ここで2人を出会わせちゃえ！」みたいに、宇宙が急遽路線変更したってことなのね。

これは、あなたの予定を変えてまでも、出会わせたい人がいる。ハプニングを起こしてまでも経験してほしいことがあるってことなの。

一見、ツイテナイように思えることでも、そこは宇宙のこと、そのウラに周到な仕掛けがあったりするのよ。キャンセル、スケジュール変更、ハプニングはいいことの前触れと覚えておいて。

ポイント＊ガッカリすることは、ラッキーの前触れ

第４章のまとめ

今すぐ「運命の輪」をまわすには？

1

人の願いをかなえてあげれば、
自分の願いもかなう（こだまの法則）。

2

人からのお誘いは、宇宙からのお誘いのことも。

3

起こったことを素直に受け入れていると、
「運命の輪」がまわりやすい。

4

宇宙にヒイキしてもらいたいなら、
「決断、行動、切り替え」を速くする。

5

キャンセル、スケジュール変更、ハプニングは
いいことが起こる前触れ。

Chapter 5 | 第5章

どうしても、夢がかなわないなら？

あなたを幸せに導く8つの真実

がんばりすぎるとうまくいかない

願いってね、がんばりすぎるとかなわないの。

これは、「意識しすぎるとダメ」っていうハナシじゃない。

たんにエネルギーバランスの問題なのね。御存知かしら？


この世はすべて、「陰陽の法則」で動いているってこと。


月と太陽、昼と夜、男と女、肉体と精神……というように、相反する2つのエネルギーがつねにバランスをとることで、この世は成り立っているのね。

たとえば、徹夜が続くとまぶたが自然に落ちてくるでしょ？

これは、「働く」という方向にエネルギーがいきすぎた結果、「休もう」とする力が起動するから。そうやって、身体がバランスを保とうとしているの。

願いごとも同じなのよ。

「かなえたい」っていう方向にエネルギーがいきすぎると、それと逆方向の力が働く。つまり、かなわない方向へ力が加わるわけ。


がんばりすぎるとかなわないのは、そのためなの。

これはいい悪いに関係ない。

たんに力学の問題ね。

「世の中のためになることを願っているんだから、阻止する力が働くなんてことありえないわ！」っていうものじゃないのよ。

だから、何事も極端に走らないことが肝心なのね。

願うのはいいけど、それに固執《こしつ》しない。


「かなったら嬉しいけど、かなわなくてもま、いっか♪」

そんなゆる〜い気持ちでいると、スンナリかなうことが多いのよ。

ポイント＊「何がなんでも」より「ま、いっか」

陰陽の法則を賢く利用する

ちなみに、この力学を利用して願いをかなえる方法もあるわ。

陰陽の法則では、「与えるエネルギー」が大きくなりすぎると「入ってくるエネルギー」を補おうとする。ということは、

あえてマイナスを作れば、願うものが入ってくるというわけ。


「マイナスを作る」というのは、たとえば寄付。お食事をご馳走する、プレゼントをする、無報酬で仕事をする、人の仕事を手伝う……なんていうのもいい方法ね。つまり、何かしら自分の「ソンになること」をすればいいわけ。

まあ、「ソンになる」っていっても、相手の喜ぶ顔が見られて感謝されるわけだからちっともソンじゃないんだけど、エネルギー的にはマイナスになるのね。自分の労力やお金を「出す」わけだから。

これはね、ほ〜んと効く！

たとえば、ＯＬのＪ子ちゃん。彼女は「毎週木曜日は後輩にランチをご馳走する」っていうのを習慣にしていたら2ヵ月後、行きつけのレストランでオーナーに見初められて結婚。

アロマセラピストのＨ代ちゃんは、月に一度自閉症の子にボランティアでセッションをやり始めてから、結婚10年目にして待望の赤ちゃんを授かった。

私のまわりでも、この方法で「いちばん欲しいもの」が手に入った人、すごく多いわ。偶然でしょって思うのはカンタン。でも、私はそうは思わない。


ここにはちゃーんと、宇宙の力学が働いているの。

「与えれば入ってくる」っていう。


シンプルかつめちゃくちゃ効果的なこの方法、試さない手はないわよね。

ポイント＊ソンになることを、喜んでやると運気ＵＰ

マイナスを作ってバランスをとる

この方法はね、お金が多目に入ってきたときとか、いいことばかり続いたときは、とくにやってほしいの。

じゃないと、ガツーンとタイヘンなことが起きたりするから。

たとえば、仕事がノリにノッてるとき。ほめられたり評価されたり、嬉しいことが続いたときなんかもそう。こういうときは「＋（プラス）」のエネルギーが過多になって、どこかの時点で必ず「－（マイナス）」の力が働くのね。

そこで、ケガをしたり泥棒に入られたりってことが起きる。ビジネスで大儲けした人が災難に遭いやすいのも、まさにこのためなの。

カンタンにいえば、「有頂天になると足元をすくわれる」ってことなんだけど、それは報いとか悪いことをしたからとか、そんなんじゃない。たんにエネルギーのバランスなのよ。

悪いことは一切していません、まっとうな手段で稼いでいますといったって、お金が多くなりすぎたら「－」の力が働くし、いいことや楽しいことばかり続いたら必ずよくないことも起こるわけ。

それが宇宙の摂理なのね。

「ええ？　そんなのコワい……だったらいいことなんか起こらなくていいわ」

な～んて思わないで。

自分から「－」を作ればいいだけのことだもん。

というかこれはもう、習慣にしてほしい。

いいことがあろうがなかろうがね。

そうやって日頃から小さな「－」を作っておくと、そのたびに「＋」のエネルギーを補充しようとするから、しょっちゅういいことが起こるようになる。


一瞬ソンしたようにみえて、後々何倍にもなって返ってくるのよ。

ポイント＊いいことが続いたときは、自分からマイナスを作る

いったん願いを手放すと流れが変わる

電車の中でメールに夢中になって乗り過ごしちゃったってこと、ない？
私はけっこうよくあるんだけど。じつは、願いごともそれと同じなのよ。
ひとつのことばかりにとらわれていると、まわりが見えなくなってくる。
チャンスの足音を逃してしまうの。

「いくら願ってもかなわない」という人は、いったん願いを手放してみて。

ああしたい、こうしたいという意識を一切捨てて、いったん白紙に戻す。
で、自分が願うのをやめたとき、宇宙が何を差し出してくるか観察してみる。
自分の意識を消して、１００％宇宙意思にしたがってみるのね。
そうすると不思議なことに一ヵ月もしないうちに風向きが変わってくるわ。
自分にムリのないこと、楽しいことだけが集まってくるようになるの。

それは、自我をはずすことで、宇宙意識が生きてくるからなのね。

私はこれを、会社を辞めたときに体験したの。

私はある意味、運試しのつもりで会社を辞めたのね。

自分をまっさらな状態にしたとき、宇宙から何が与えられるか。

それを、自分の力でどれだけ活かせるか——それを試したかったの。


その結果わかったことは、すべてを手放すと、持っていた以上のものが与えられるということ。


願いがかなわないときって、「ナゼ？　どうして？」とか「何が悪いんだろう？」って考えるじゃない？

だけど、たんに「力が入りすぎ」が原因だったりするのよ。「あ、私そうかも」って思ったら、いったん思いを手放してみて。

エネルギーバランスが戻って、スコーンと願いがかなったりするから。


ポイント＊思いを消して、バランスを取り戻す

かなわない夢は2年が限度

とことんがんばって夢をかなえるのも、悪くはないと思う。

でも、私的には、それって今の時代にそぐわないように思うのね。

今みたいのテンポの速い時代は、ひとつのことに固執するより、どんどん流していったほうがいい。

宇宙のテンポに合わせたほうがいいのよ。そうすると、あなたがかなえようとしているものより、もっとずっと魅力的なものに出合えたりするから。

ちなみに、願いを手放すべきかどうかの基準は、長くて2年。

2年間やってみてまったく近づけないとしたら、それは宇宙にサポートする気がないってこと。それ以上がんばってもムリだろうから、すっぱり手を引いたほうがいいのね。

宇宙に応援されないってことは、やる意味がないと私は思うの。

宇宙ってそんなにイジワルじゃないから、あなたが心底やりたいと思ったことには、たいてい手を貸してくれるはず。

それがまったくないとしたら、宇宙に「そっちじゃないでしょ」といわれているのと同じこと。素直に受け入れたほうがいいのね。

とはいえ、「宇宙がカマかけてるだけ」ってことも、ないわけじゃないわ。サポートしないフリをしていったん夢を諦めさせ、機が熟した頃を見計らってかなえてくれるというケースがあるのよ。

私がみる限り、周囲の環境が整ってなくてまだ少し時間がかかる……ってとき、このパターンになることが多いわね。これは、ずーっと待たせておくのは可哀相っていう、宇宙なりの配慮なんだと思うわ。

2年を限度に、あとは流れに委ねてみて。

宇宙の采配はいつだってカンペキなのだから。

ポイント＊機が熟すまで、別のことをやってみる

願いをかなえるより大切なこと

ここで、とっても大事なことをひとつ。

それは、「願いをかなえるだけが能じゃない」ってこと。

願いがかなったらもちろん嬉しい。でも、それは最終目的じゃないのよ。


あなたの願いは「願いをかなえること」じゃない。

「幸せになること」でしょ？　たいていの人は「願いがかなうこと=幸せ」と思っているけど、必ずしもそうとは限らないのね。


たとえばね。あなたが今、「どうしてもN彦くんと結婚したい！」って願ってるとするじゃない。

でもそれは、あなたが「今のところ」N彦君がベストだと思っているから。

N彦君以上の男性を知らないから、「どうしても！」って思うだけなのね。

でも、これから先、N彦君以上の男性が現れる可能性は十分にあるわよね。

その場合、宇宙は必ずしも、あなたの願いをかなえてくれない。

S彦くんという隠し玉を用意しているのに、N君と結婚させちゃったら面倒なことになるもの。

宇宙はあなたの知らないところで、周到な準備をしてくれているの。

でも、そんなことをつゆ知らないあなたは、「何がなんでもN彦君と結婚したい！　なぜかなえてくれないのよ！　宇宙のバカ！」な〜んてイライラしてドツボにはまっている（かもしれない）。

もちろん、願いがかなうに越したことはない。

でも、万が一かなわなくても、「私に引き寄せ力が足りないんだわ。私ってまだまだ……」なんて落ち込む必要はまったくない。


宇宙がそれ以上のものを用意してくれているってことだもの。

ポイント＊水面下で、準備は着々と進んでいる

うまくいかないことをやっても、幸せになれない

宇宙はいつだって、あなたの最高の幸せを考えてくれてる。

願いがかなったりかなわなかったりするのも、ぜ〜んぶそのためなの。

それがあなたの幸せにつながるものであれば、どんな願いも必ずかなう。

多少時間のかかるものもあるだろうけど、最終的にはうまくいくはずなの。


逆に、あなたの幸せにつながらないものは、どんなに願ってもかなわない。


娘が不幸になるとわかっていて結婚を許す親はいないでしょ？

宇宙だって同じよ。あなたが間違った方向や「あなたらしくない方向」に行こうとすると、いろんな手を使って阻止しようとするの。

たとえば、R子ちゃんの場合。ある男性とおつき合いすることになったものの、デートの約束をするたびに、なぜか邪魔が入る。デートの日に限って残業

を頼まれたり、風邪をひいて熱を出したり、大雪で交通機関がマヒしてしまったり……。そんなこんなで、デートが実現するまで3ヵ月以上かかり、しかも、初回のデートで食べたカキにあたって、食中毒を起こす始末。

R子ちゃんもさすがに「なんかオカシイ」と気づき、それ以降、会うのを止めたんですって。するとまもなく、その彼が逮捕されるというニュース！

R子ちゃんいわく、「なんでうまくいかないの？　って不思議に思ってたけど、今にして思えば、ぜんぶ警告だったのね……」。

どうやってもうまくいかないのは、「そっちは違うよ」っていう宇宙からのお知らせ。願ってもかなわないときは「あ、これって違うのね」って、潔く認めたほうがいいの。

願うのをやめるってことは、諦めることじゃない。幸せな方向にシフトするってことなの。

ポイント＊なぜか邪魔が入るのは、方向転換のサイン

どうにか流れを変えたいときは

かなわないのは、それが自分には必要ないから——。

わかってはいても、ぜんぜんうまくいかないと、やっぱり落ち込んじゃうわよね。そんなときって精神的に辛いだけじゃなく、エネルギー自体が低下しちゃっていることがほとんど。そのままにしているとどんどん落ちていっちゃうから、どっかで歯止めをかけないといけないわ。

そんなときの特効薬はズバリ、「温泉」。

流れを変えたいとき、リズムを立て直したいとき、自分に喝《かつ》を入れたいときは、温泉に行くのがイチバン！　なぜ温泉がいいのか？　それは、宇宙のエネルギーがカンペキな形で揃っているから。

宇宙というのは「火・土・風・水」の四元素で成り立っているのね。

温泉地にはまず土があって水があって、その下にマグマ（火）が走っているでしょ？　とうぜん、風（空気）もあるわね。温泉に入ることで、宇宙エネルギーをたっぷり吸収することができるというわけ。

私も20代の頃、何をやってもうまくいかない時期があったのね。そのとき、「なんとか流れを変えたい」と思って、温泉に行きまくった。当時ＯＬだったから週末だけだったけど、それでも、５回目くらいから明らかにエネルギーが変わったわね。週末の温泉巡りを趣味にすれば、楽しみながら運気ＵＰできるんじゃないかしら？　邪気がとれて肌もキレイになるし、いいことづくめよ。

最後に、一瞬にして流れを変える魔法の言葉をご紹介するわ。それは、

「な～んちゃって♪」（ニコッ）。

おちゃらけ感満載のこのフレーズ、実力はピカ一！　眉間にシワが寄ってきたとき、思わず涙があふれそうなとき、このひとことをつぶやいてみて。

ポイント＊最終手段は温泉

第5章のまとめ

どうしても、夢がかなわないなら？

1

「何がなんでも！」より、
「かなわなくても、ま、いっか」のほうがかないやすい。

2

ときどきソンをしておくことで、
いいことがちょくちょく起きる（陰陽の法則）。

3

かなわない夢は、２年が限度。
機が熟すまで、別のことをやってみる。

4

かなわないのは、
もっと素敵なことが用意されているから。

5

今すぐ流れを変えたいなら、温泉が効果的。

Chapter 6 | 第6章

潜在意識をまるごと変えるには？

「願う前に、願いがかなう体質」になる！

「かないグセ」をつける

願いがかなう人はどんな大きな願いでもかなえちゃうのに、願いがかなわない人はちっぽけな願いすらかなわない。

この差はいったいどこにあるのか？

まずは、「運命の輪」がまわっているかどうか。そして、もうひとつは、願いがかなうことが当たり前になっているかどうか。

そう、願いがかなう人は「かないグセ」がついているのね。

人間て習慣のイキモノだから、いったんクセがついちゃうとなかなか取れない。悪いクセは困るけど、いいクセは逆に利用できちゃうのよ。

では、「願いがかなうクセ」の正体とは？　それはズバリ、「潜在意識」。

願いをサクサクかなえる人はみな、「願いはかなって当然」と潜在意識の中で思っている。「なんとかかなえるぞ！」じゃなく、「かなうにきまってるじゃん」という余裕。

いっぽう、願いがかなわない人は「あ～どうせかなわないんだよな……」と無意識のうちに思っちゃっている。この差は大きいわよ。

潜在意識というのは、いってみれば土壌なのね。
「確信」という土壌と「不安」という土壌。
どちらに花が咲くかはいうまでもないわね。

運命の輪をまわす２つの条件をクリアし、なおかつ、７つのアクションもそれなりに実行している。でも、なぜか願いがかなわない――。

そんな人は、潜在意識にブロックがあるのかもしれないわ。

ポイント＊「確信」と「不安」が人生を分ける

潜在意識を変えるには

潜在意識っていうとすご〜く根深いもので、そう簡単には変わらない……みたいなイメージがあるんじゃないかしら？ 実際、幼い頃の記憶や、もっとさかのぼれば過去世の記憶に起因しているものも多いから、その意味では根深いといえるかもしれない。

でもほんとうのところ、じつは潜在意識を変えることなんてカンタンよ。

「潜在意識」っていう言葉が小難しく聞こえるけど、結局は「思い込み」。単なる思い込みだから、要は、日頃からなんでもいいふうに思い込むようにすればいいの。それだけのハナシ。私なんかそれこそ、どんなことでもぜ〜んぶいい意味にとっちゃう。こないだ唇を切って、巨大タラコみたいに腫れあがったときも、「厄落としだわ、ラッキー♪」ってね（痛かったけどね。とほほ）。

べつにムリしてそうしているわけじゃない。そういう思考回路になっちゃってるの。

たとえば、先日のこと。新商品の打合せをしているとき、テーブルにあったコップを倒しちゃったのね。コップがガッシャーン！と粉々にくだけ、水も四方に飛び散った。その瞬間、思ったの。「この商品、バカ売れするわ」って。だってこれ、「拡散」ってことでしょ？　ところが、一緒にいたスタッフいわく「Ｋｅｉｋｏさん、この企画、ポシャるってことじゃないんスか？」。コップが倒れて砕け散ったわけだから、確かにそういう意味にもとれるわよね。でも、私にそういう解釈はできない。なんでもいいいふうにとるクセがついちゃっているから。

そして、この「クセがついちゃっている状態」こそが潜在意識なわけ。

なんでもいいふうに思い込めば、その通りの未来が出来上がっていくのよ。

ポイント＊ポジティブな思い込みで、いい未来を創る

最大の鍵はベッドルームにあった！

それでは！　潜在意識を変えるとっておきのマジックをご紹介するわね。

潜在意識を変える最高の方法はズバリ、「寝具を上質のものにすること」。


「え？それだけ？　そんなことでいいの？」

あんまりカンタンで拍子抜けしたかしら？

そう、これだけでいいの。実際、これがいちばん効くのよ。

というのも、潜在意識は私達が寝ているときONになるから。

前頁でご紹介した「いい思い込みをクセづける」は、あなた自身が意識して変えていく方法。多少なりとも、「そうしよう」という意志が必要になるわね。

これに対し、寝具を変えるこのやり方は、あなたが意識しなくても勝手に潜在意識が塗り変わってしまうという、おそろしくラクチンな方法よ。

就寝中は顕在意識がOFFになって、完全に無防備な状態になってるのね。日中は脳ミソが「これは必要、これは不要」というふうに必要な情報だけをピックアップしているわけなんだけど、寝ているときはその振り分け機能がない。ということは、五感が受け取る情報がそのまま潜在意識に刷り込まれるわけ。

このときもし、質の悪いシーツや化繊のナイティを使っていたらどうなると思う？　触覚が「ガサガサしたシーツ」と「ペラペラしたナイティ」の感覚を覚えてしまい、あなたの潜在意識に「私はガサガサ、ペラペラした女」という意識を植えつけてしまうの。想像しただけでゾーッとしない？

布団（カバー）、シーツ、枕、ナイティといった直接肌に触れるものは、シルクやコットンといった上質のものを使うこと。

そうやって「私はしっとりしたしなやかなオンナ」という潜在意識を刻み込むの。そんな簡単なことで、潜在意識はやすやすと塗り変わっていくのよ。

ポイント＊寝具とナイティはできる範囲で最高のものを

願いがかなうベッドの条件

まずは、寝具とナイティを上質のものにすること。

その上で、ベッドルーム全体を変えればさらにいいわね。

いちばん重要なのは、なんといっても「ベッド」そのもの。ベッドは潜在意識を作る土台であると同時に、「運を作る場所」でもあるの。

では、具体的にどんなベッドがいいのか？

いいベッドの条件をリストアップしてみるわね。

□木製で重厚感があること
□座高が高いこと
□ヘッドボードがあること
□床とベッドの間の隙間が小さいこと
□ランプ、収納箱、引き出しなど余分なものがついていないこといいベッドの条件がわかったところで、次に大事なのがベッドの「配置」。

これはある意味、すごい盲点。超重要ポイントだから、よく読んでね。

みなさんの中には、ベッドの側面を壁にくっつけている人が多いんじゃないかしら？　でも、これは絶対にNG！　それって、安いビジネスホテルの配置なのね。高級ホテルでは必ず、ベッドが壁に対して垂直になっているでしょ？

これがベッドの正しい配置よ。なぜこれが正しいかっていうと、左右どちらからでも入れるから。ということは……わかるかしら？


両側から入れるということは、「あなたとパートナーが一緒にベッドに入る」ということ。それが前提となっている配置なのね。

今現在、パートナーがいなくてもかまわない。いつそうなってもいいように、状況を作っておくことが大事なの。そんなちょっとしたことが、潜在意識を大きく左右するのよ。

ポイント＊ベッドの両側は必ず空ける

部屋で目にするものが潜在意識を作る

潜在意識は私達が寝ているときONになる。とはいえ、起きているとき全然機能してないってわけでもないの。とくに、視覚からの影響はあなたが思っている以上に大きい！　家でくつろいでいるとき何気なく目にするものは、私達の潜在意識に知らず知らずのうちに刷り込まれてしまうの。

ポジティブな潜在意識を作りたいなら、「ハッピーな気分」になるものだけを身のまわりに置くこと。

幸せそうなカップルの写真、満面の笑顔、「こんな家に住みたい♡」っていう理想の家……あなたが思う「最高の幸せ」の象徴を、いちばん目につく位置にもってくるのがポイントよ。

もうひとつ大事なことは、部屋の中が中途半端な状態になっていないこと。

中途半端というのは、「やりかけ」とか「散らかった状態」ね。

あなたの家はどうかしら。服が脱ぎっぱなしになってない？　使った食器がそのままになってない？　雑誌が散らかってないかしら？

こうしたやりっぱなしは、「中途半端」の象徴。

やったことが途中で止まっている——つまり、「願いはかなわない」という潜在意識を植えつけることになるのね。

「えっ、そんなあ〜」って思ったかしら？　でも、けっして大袈裟じゃないわ。潜在意識というのは、日々目に入ってくるものから作られるのだから。

部屋の中に不要なものが多ければ、潜在意識は「人生に邪魔が多い」と思い込むし、逆に、殺風景であれば「人生は荒涼としたところ」と思い込む。

願いがかなう潜在意識を作るには、つねに目にする光景を、「幸せ」と「豊かさ」で満たすことが大事なのね。

ポイント＊ハッピー気分になるものだけを身のまわりに置く

すべてのものを味方にする

ここでは、「ものが持つパワー」についてお話しするわね。28ページで「味方が多いほど願いはかないやすくなる」というお話をしたわね。じつは、

あなたの味方になってくれるのは、人間だけとは限らないの。

食べ物、植物、テーブル、イス、ベッド、アクセサリー……この世にあるものはすべて意識を持っていて、あなたが愛をもって接すれば必ず愛を返してくれる――つまり、あなたを応援してくれるの。

スポーツ選手であれ料理人であれ、一流とよばれる人は必ず道具を大切にするでしょ？　彼らは知ってるのよ。道具を愛し意識を通わせることで、道具に応援してもらえるということを。それは、私達だって同じこと。

身のまわりにあるものと意識を通わせることで、それらはすべて、あなたの

サポーターになる。身体はもちろん、車、パソコン、お花……なんだってそう。

「今日1日、よろしくね」「助かったわ、ありがとう」……そんなふうに、いろんなものと心通わせてみて。

あなたと仲良くなったものたちが手を組んで、いずれあなたの願いをかなえてくれるわ。

私はゴミを出すとき、ゴミ置場に必ず挨拶するのね。「これ、お願いします」「いつもありがとう」っていってゴミ置き場を出てくるの。

アホらしいって思う人もいるかもしれない。

でも私は、それが建物に対する礼儀だと思ってる。だって、ゴミを引き受けてくれるんだもの、感謝せずにはいられないじゃない？

相手が人間であれ空間であれ道具であれ、感謝の気持ちはきちんと伝えましょうよ。「ありがとう」はあなたの味方を増やす最高のフレーズよ。

ポイント＊身のまわりのものすべてが、あなたのサポーター

最高の人生をゲットしたいあなたへ

最後に、上級レベルのお話をひとつ。

「ホーム」に身をおいて「ピンときたらアクション」が習慣になると、ある日ふと、「あれ、私なんか軽くなった？」って感じる日がくると思うの。

そして、今までどうしてもかなわなかったことが、気づくとかなっていた。

もしそんなことがあったら……おめでとう！　運命の輪がまわりはじめた証拠よ。運命の輪がまわりだすと、もはや願う必要もない。

「そうそう、これがほしかったの♪」っていうものが次から次へと出てくるわ。

そう、まるで回転寿司みたいに。でも、その中にもじつは段階があるのね。

運命の輪がまわり始めたときは「赤身、かっぱ巻き、かんぴょう巻き……」みたいな感じで出てくるんだけど、高いレベルになってくると「ウニ、イクラ、大トロ……」みたいなのが延々続くわけ。この差はいったいどこからくるのか？

それは、「波動」の違い。「波動」っていう言葉、聞いたことあるかしら？

波動というのは、その人が持ってる周波数みたいなもの。

宇宙には「同じ波動のものは引き合う」という法則があって、その人の波動の高さによって引き寄せるものが変わってくるのね。波動が高い人のエネルギーは伝わる範囲が広いから、宇宙としては下手なものは出せない。「あそこのウニは今イチだった」なんていわれると困るから、最高級のものを出してくるわけ。

あなたがもし「そこそこの人生じゃイヤ！　最高の人生をゲットするわ！」と思っているなら、自分の波動を高めることがどうしても必要になってくるの。

波動を高める方法は、いくつかあるけど、私のオススメは「新月の波動」を使うこと。といっても、巷で知られている「新月」じゃないわ。じつは、その何倍も強力な新月があるの。


それが「マイ新月」。これについては、付録でご説明するわね。

ポイント＊波動を高めて最高の人生をゲット

第６章のまとめ

潜在意識をまるごと変えるには？

1

「願いはかなって当然」という潜在意識が
願いをかなえる。

2

なんでもいいふうにとらえて、
「かないグセ」をつける。

3

上質なベッド＆寝具で潜在意識を塗り換える。

4

散らかった部屋は、
「願いはかなわない」という潜在意識を植えつける。

5

人間以外のものとも心通わせ、
取りまくすべてを味方につける。

特別付録

あなただけの強運日

「マイ新月」でサックリ願いをかなえる！

「マイ新月」とは

1カ月に1度、月と太陽がぴったり重なる日――それが「新月」。この新月に特別なパワーがあることは、みなさんもご存知だと思うの。この日は「宇宙のパワー」が最高潮に達するときでもあるわ。

それに対し、「あなたのパワー」が最高潮に達するのが、「マイ新月」の日。

「マイ新月」は、あなたが生まれた日の、月の形（位相）。それが何日目の月かで、どんなエネルギーを持ってこの世に生まれてきたかがわかるの。

つまり、「マイ新月」は「あなた個人にとっての新月」というわけね。

- **通常の新月＝地球全体、環境的なもの**
- **マイ新月＝個人的、あなただけのもの**

「マイ新月」の効用

たとえば私の場合は「16日月（満月の翌

日）」の生まれなので、毎月、満月の翌日が私の「マイ新月」。この日はいつも調子がいいし、実際、斬新なアイデアがわくのも、この日前後が多いわね。

チャンスが降ってきたり、新しい人脈ができたり、オモシロイ話が舞い込んだりするのも、たいてい「マイ新月」前後。

まわりの人達をみていても、「マイ新月」は通常の新月以上に影響が大きいわ。

なぜ「マイ新月」が効果的なの？

というのも、私達の細胞は、「マイ新月」のエネルギーを記憶に留めているから。

肉体は「生まれた瞬間」の記憶を60兆個の細胞ひとつひとつの中にとどめていて、それが一生のリズムを作っていくの。

だから、宇宙レベルで新月よりも、自分自身の新月（＝「マイ新月」）のほうに敏感に反応するわけ。

「マイ新月」を意識し出すと、細胞がぐんぐん目覚めてくる。

そして、こんな変化が起こってくるの。

① 潜在意識が活性化し、眠っていた才能や魅力があふれ出してくる

② 五感がシャープになる

③ 宇宙のメッセージを受け取りやすくなる

④ シンクロが増える（ほしい情報がたまたま買った雑誌にのっていたとか）

「マイ新月」の割り出し方

では、さっそくあなたの「マイ新月」を割り出してみましょうか。

①150〜151ページの新月表で、「あなたの誕生日直前」の新月をチェック。

②その日を「1」とし、そこからあなたの誕生日までの日数を数える。その日の数が、あなたの「マイ新月」よ。

(例) 1988年8月8日生まれのY子さんの場合

151ページの新月表を見ると、8月8日の直前の新月は、7月14日。

これを「1日」とすると、8月8日は26日目に当たるので、Y子さんの「マイ新月」は「26日月」。

Y子さんの
「マイ新月」は26日月！

新月表

☆自分の誕生日直前の新月を１として、自分の誕生日までの日数を調べます。
☆オレンジで塗られた年はうるう年です。
☆1月3月5月7月8月10月12月は３１日まで、4月6月9月11月は３０日まで、
2月は２８日まで（うるう年は２９日まで）あります。

新月（過去の新月）

1953年	1/15	2/14	3/15	4/14	5/13	6/11	7/11	8/10	9/8	10/8	11/7	12/6	
1954年	1/5	2/4	3/5	4/3	5/3	6/1	6/30	7/30	8/28	9/27	10/27	11/25	12/25
1955年	1/24	2/23	3/24	4/22	5/22	6/20	7/19	8/18	9/16	10/16	11/14	12/14	
1956年	1/13	2/12	3/12	4/11	5/10	6/9	7/8	8/6	9/5	10/4	11/3	12/2	
1957年	1/1	1/31	3/2	3/31	4/30	5/29	6/28	7/27	8/25	9/24	10/23	11/22	12/21
1958年	1/20	2/19	3/20	4/19	5/19	6/17	7/17	8/15	9/13	10/13	11/11	12/11	
1959年	1/9	2/8	3/9	4/8	5/8	6/6	7/6	8/4	9/3	10/2	11/1	11/30	12/30
1960年	1/28	2/27	3/27	4/26	5/25	6/24	7/24	8/22	9/21	10/20	11/19	12/18	
1961年	1/17	2/15	3/17	4/15	5/15	6/13	7/13	8/11	9/10	10/10	11/8	12/8	
1962年	1/6	2/5	3/6	4/5	5/4	6/2	7/2	7/31	8/30	9/29	10/28	11/27	12/27
1963年	1/25	2/24	3/25	4/24	5/23	6/21	7/21	8/19	9/18	10/17	11/16	12/16	
1964年	1/15	2/13	3/14	4/12	5/12	6/10	7/9	8/8	9/6	10/6	11/4	12/4	
1965年	1/3	2/2	3/3	4/2	5/1	5/31	6/29	7/28	8/27	9/25	10/24	11/23	12/23
1966年	1/22	2/20	3/22	4/21	5/20	6/19	7/18	8/16	9/15	10/14	11/12	12/12	
1967年	1/11	2/9	3/11	4/10	5/9	6/8	7/8	8/6	9/4	10/4	11/2	12/2	12/31
1968年	1/30	2/28	3/29	4/28	5/27	6/26	7/25	8/24	9/22	10/22	11/20	12/20	
1969年	1/18	2/17	3/18	4/17	5/16	6/15	7/14	8/13	9/12	10/11	11/10	12/9	
1970年	1/8	2/6	3/8	4/6	5/5	6/4	7/4	8/2	9/1	9/30	10/30	11/29	12/28
1971年	1/27	2/25	3/27	4/25	5/24	6/23	7/22	8/21	9/19	10/19	11/18	12/18	
1972年	1/16	2/15	3/15	4/14	5/13	6/11	7/11	8/9	9/8	10/7	11/6	12/6	
1973年	1/5	2/3	3/5	4/3	5/3	6/1	6/30	7/30	8/28	9/26	10/26	11/25	12/25
1974年	1/23	2/22	3/24	4/22	5/22	6/20	7/19	8/18	9/16	10/15	11/14	12/14	
1975年	1/12	2/11	3/13	4/12	5/11	6/10	7/9	8/7	9/6	10/5	11/3	12/3	
1976年	1/1	1/31	3/1	3/31	4/29	5/29	6/27	7/27	8/25	9/24	10/23	11/22	12/21
1977年	1/19	2/18	3/20	4/18	5/18	6/17	7/16	8/15	9/13	10/13	11/11	12/11	
1978年	1/9	2/7	3/9	4/8	5/7	6/6	7/5	8/4	9/3	10/2	11/1	11/30	12/30

1979年	1/28	2/27	3/28	4/26	5/26	6/24	7/24	8/23	9/21	10/21	11/20	12/19	
1980年	1/18	2/16	3/17	4/15	5/14	6/13	7/12	8/11	9/9	10/9	11/8	12/7	
1981年	1/6	2/5	3/6	4/5	5/4	6/2	7/2	7/31	8/29	9/28	10/28	11/26	12/26
1982年	1/25	2/24	3/25	4/24	5/23	6/21	7/21	8/19	9/17	10/17	11/16	12/15	
1983年	1/14	2/13	3/15	4/13	5/13	6/11	7/10	8/9	9/7	10/6	11/5	12/4	
1984年	1/3	2/2	3/3	4/1	5/1	5/31	6/29	7/28	8/27	9/25	10/24	11/23	12/22
1985年	1/21	2/20	3/21	4/20	5/20	6/18	7/18	8/16	9/15	10/14	11/12	12/12	
1986年	1/10	2/9	3/10	4/9	5/9	6/7	7/7	8/6	9/4	10/4	11/2	12/2	12/31
1987年	1/29	2/28	3/29	4/28	5/28	6/26	7/26	8/24	9/23	10/23	11/21	12/21	
1988年	1/19	2/18	3/18	4/16	5/16	6/14	7/14	8/12	9/11	10/11	11/9	12/9	
1989年	1/8	2/6	3/8	4/6	5/5	6/4	7/3	8/2	8/31	9/30	10/30	11/28	12/28
1990年	1/27	2/25	3/27	4/25	5/24	6/23	7/22	8/20	9/19	10/19	11/17	12/17	
1991年	1/16	2/15	3/16	4/15	5/14	6/12	7/12	8/10	9/8	10/8	11/6	12/6	
1992年	1/5	2/4	3/4	4/3	5/3	6/1	6/30	7/30	8/28	9/26	10/26	11/24	12/24
1993年	1/23	2/21	3/23	4/22	5/21	6/20	7/19	8/18	9/16	10/15	11/14	12/13	
1994年	1/12	2/10	3/12	4/11	5/11	6/9	7/9	8/7	9/6	10/5	11/3	12/3	
1995年	1/1	1/31	3/1	3/31	4/30	5/29	6/28	7/28	8/26	9/25	10/24	11/23	12/22
1996年	1/20	2/19	3/19	4/18	5/17	6/16	7/16	8/14	9/13	10/12	11/11	12/11	

新月（これからの新月）

2013年	1/12	2/10	3/12	4/10	5/10	6/9	7/8	8/7	9/5	10/5	11/3	12/3	
2014年	1/1	1/31	3/1	3/31	4/29	5/29	6/27	7/27	8/25	9/24	10/22	11/22	12/22
2015年	1/20	2/19	3/20	4/19	5/18	6/16	7/16	8/14	9/13	10/13	11/12	12/11	
2016年	1/10	2/8	3/9	4/7	5/7	6/5	7/4	8/3	9/1	10/1	10/31	11/29	12/29
2017年	1/28	2/26	3/28	4/26	5/26	6/24	7/23	8/22	9/20	10/20	11/18	12/18	
2018年	1/17	2/16	3/17	4/16	5/15	6/14	7/13	8/11	9/10	10/9	11/8	12/7	
2019年	1/6	2/5	3/7	4/5	5/5	6/3	7/3	8/1	8/30	9/29	10/28	11/27	12/26
2020年	1/25	2/24	3/24	4/23	5/23	6/21	7/21	8/19	9/17	10/17	11/15	12/15	
2021年	1/13	2/12	3/13	4/12	5/12	6/10	7/10	8/8	9/7	10/6	11/5	12/4	
2022年	1/3	2/1	3/3	4/1	5/1	5/30	6/29	7/29	8/27	9/26	10/25	11/24	12/23
2023年	1/22	2/20	3/22	4/20	5/20	6/18	7/18	8/16	9/15	10/15	11/13	12/13	
2024年	1/11	2/10	3/10	4/9	5/8	6/6	7/6	8/4	9/3	10/3	11/1	12/1	12/31

「マイ新月」の日はヒラメキ勝負

さて、あなたの「マイ新月」、割り出せたかしら？

ここからは、「マイ新月」の活用法についてご説明するわね。

例に出したY子さんの場合、マイ新月は「26日月」。

これは毎月、新月を1日として数えて26日目の日に、Y子さんのエネルギーが最高潮に達するということ。

新月は1カ月に1度あるから、「マイ新月」も、1カ月に1度必ずめぐってくることになるわ。たとえば、2013年7月の新月は7月8日。（151ページ参照）

ということは、そこから数えて26日目にあたる8月2日がY子さんの「マイ新月」になるわけ。

この日は新しいことを始めたり、今まで暖めていたことをスタートさせたりする、絶好のチャンス！

ふとひらめいたことを実行するのもGOOD。

この日のヒラメキは、ある種神がかり的なところがあって、「えっ？　ウッソ〜〜！」と驚くような結果になることもあるの。

たとえば、昨年のこと。

16日月の日（＝私の「マイ新月」）に、

宝くじ売り場のオバサンとふと目があって、妙に気になったから宝くじを買ってみたの。

すると、なんと30万の当たりくじ！

宝くじなんてまったく興味なかったのに、それを買おうと思ったこと自体が驚きだったけど、それをスンナリやらせちゃうのが「マイ新月」のパワーなのね。

効力は3日間

「マイ新月」の効力は3日間。

もちろん、「マイ新月」の日そのものがエネルギー的には最高だけど、**その前後1日も、遜色ないエネルギーがある**と考えて。

「マイ新月」を中心とした3日間は、あなたの細胞がリニューアルモードになっているのね。

この世に生まれ出たときの記憶が蘇ってきているので、「何か新しいものを生み出したい！」「違う世界を見たい！」「自分をアピールしたい！」というエネルギーがめいっぱい高まっている。

ふだんはすごく地味なのに、「マイ新月」の頃になるとビックリするくらい華やかな装いに変わる人もいるわ。

これはけっして悪いことじゃない。むしろ、この衝動を無視しないでほしいの。

それがあなたの「魂の叫び」だから。

それと、「マイ新月」の日を含めた3日日は、宇宙とツーカーになれる日。あなたと宇宙が、ホットラインでつながっている

3日間といえばいいかな。

だから、願いごとをするなら断然この日！

たとえばT美ちゃんの場合、「NYで働きたい」という夢が、通常の新月の日に1年間願い続けてかなわなかったのに、「マイ新月」に切り替えたとたん、2カ月目にかなっちゃった！

通常の新月の願いが効かない人はぜひ、「マイ新月」に切り替えてみて。

その際も、イメージングは忘れないようにね（30ページ参照）。

「マイ新月」の日の過ごし方

「マイ新月」は全部で30タイプ。

月のエネルギーは1日違うだけで随分と変わるから、「マイ新月」の過ごし方も当然、30タイプそれぞれ。ここではカンタンにポイントだけをお伝えするわね。

● **新月が「マイ新月」の人**

つねに自分の気持ちを最優先すること。白いキャンドルを灯して瞑想を。

● **2日月が「マイ新月」の人**

ひとつに集中するよりふたつのことをかけもちで。自分が最高に美しく見える服を選ぶこと。

● 3日月が「マイ新月」の人
子供の頃好きだったことをやってみて。マニッシュなスタイル吉。ローヒールがベター。

● 4日月が「マイ新月」の人
いかに心を安定させるかが鍵。アフター5は家でゆっくり読書。外食より手料理を。

● 5日月が「マイ新月」の人
次の旅行の計画を立てよう。ターコイズのブレスレット吉。南にあるお店で買えば開運度UP!

● 6日月が「マイ新月」の人
無理をせず、自分のペースを守ること。グリーンの小物がラッキー。ハーブティー吉。

● 7日月が「マイ新月」の人
即効即決が成功の鍵。優柔不断はNG。朝はフルーツ（とくにかんきつ系）をたっぷりと。

● 8日月が「マイ新月」の人
中立の立場を貫いて吉。インテリアを変えると新しい流れが。玄関に黄色い花を。

● 9日月が「マイ新月」の人
感情コントロールが最大のポイント。香りや音楽を上手に使って。夕食にオリーブと白ワインを。

● 10日月が「マイ新月」の人
仕事とプライベートのバランスが大事。働き過ぎないこと。

● 11日月が「マイ新月」の人
バスソルトを入れた半身浴がオススメ。夜更かしはNG。11時にはベッドへ。

白かクリーム色のナイティで月のパワーをチャージ。

●12日月が「マイ新月」の人

自分の特技をしっかりアピール。小鳥のさえずりをCDで。ハトのモチーフ吉。

●13日月が「マイ新月」の人

ひと駅手前で降りてウォーキング。

眉の形を変えて吉。違う自分に驚くかも。

●14日月が「マイ新月」の人

以前やめてしまったことに再トライ。タイトなワンピースで女らしさをアピール。

●15日月が「マイ新月」の人

方向転換吉。とりあえずスタートを。

ゴールド系のシャドウでゴージャスに。

●16日月が「マイ新月」の人

意外な結果が出ても気にしないこと。

後で流れが変わってくる。

おいしいケーキで自分にご褒美。

●17日月が「マイ新月」の人

やりたいことを周囲に公言してみて。ハーフアップでお嬢様風に。白いバレッタ吉。

●18日月が「マイ新月」の人

考えすぎないこと。事態は悪くありません。

ハンカチを上質のものにすると幸運が。

●19日月が「マイ新月」の人

結果を急ぎすぎないこと。相手のペースを優先させて。夜は野菜たっぷりの手料理を。

●20日月が「マイ新月」の人

趣味に没頭できる日。

気分が乗らないなら断ってOK。

パープルのアイシャドウで神秘的に。

●21日月が「マイ新月」の人

理性的になりすぎず、思いをぶつけてみるのもよし。
ベージュ系リップで大人の雰囲気を演出。

●22日月が「マイ新月」の人
新しい勉強をスタートさせる好機。
根菜類を多目に摂って。人参ジュース吉。

●23日月が「マイ新月」の人
異性から学ぶこと大。アドバイスを仰ごう。
細めのチョーカーで首元をアピール。

●24日月が「マイ新月」の人
嬉しいときは大袈裟に表現。赤いアクセサリーでキュートな魅力を演出。

●25日月が「マイ新月」の人
知らないことはその場で確認を。
腹式呼吸を意識して。
ピンクのチークを入れて幸せ顔に。

●26日月が「マイ新月」の人
興味がなくなったことは終わらせてＯＫ。
ネイビーのジャケットで格調高い装いを。

●27日月が「マイ新月」の人
婉曲な表現を心がけて。断定は避けたほうが無難。ストッキングは濃い目の色を。

●28日月が「マイ新月」の人
自分から話すより、聞き役に徹して吉。
ベッドルームに白檀のお香を焚いて。

●29日月が「マイ新月」の人
判断は先延ばしに。明るい未来を描いて吉。センチメンタルになったらジンジャーティーを。

●30日月が「マイ新月」の人
直筆が幸運の鍵。メールより手紙かカードが喜ばれそう。下着に凝ると出会い運ＵＰ。

おわりに
さあ、運命の輪のスイッチを押しましょう

あなたは今、こんなふうに思ってないかしら?

「私の人生って、この程度?」「私、一生幸せになれないかも……」

ううん、そんなことないわ。

そういう人は、運命の輪にまだスイッチが入っていないだけ。

あなたはまだ、本当の人生を生きていないのよ。


運命の輪をまわす——それは、あなた本来の人生を生きるということ。

宇宙の優しさを知り、人生の甘さを知るということ。

運命の輪をまわすのに勇気はいらない。がんばる必要もない。

ただ微笑んで、感謝し、愛を送る。

あらゆるものと心通わせ、宇宙と調和して生きる。

愛を広げる喜びを知ったとき、運命の輪は勢いよくまわり出すわ。

宇宙とつながる！
願《ねが》う前《まえ》に、願《ねが》いがかなう本《ほん》

2013年6月22日　初版発行

著　者……Keiko
発行者……大和謙二
発行所……株式会社大和出版
　東京都文京区音羽1-26-11　〒112-0013
　電話　営業部03-5978-8121／編集部03-5978-8131
　http://www.daiwashuppan.com
印刷所……信毎書籍印刷株式会社
製本所……ナショナル製本協同組合
装幀者……白畠かおり

乱丁・落丁のものはお取替えいたします
定価はカバーに表示してあります

ISBN978-4-8047-0466-1